성과 관리

Performance Management

류랑도 지음

쌤앤파커스

성과관리는 인생경영 방법론이다

'성과'라는 단어는 괜히 부담스럽고 불편하다.

'성과'라고 하면 사람들은 대부분 숫자나 이익, 좋은 결과, 과거보다 더 나아진 숫자, 숫자평가, 성과급, 인센티브 등을 떠올린다. 실적, 결과와 같은 개념으로 생각하는 경우도 많다. 무슨 일을 하든 사람은 누구나 일의 결과가 좋길 바란다. 가슴 졸이며 좋은 결과를 기대하고, 결과가 나쁘면 어쩌나 하는 걱정도 많다.

그러다 보니 성과관리나 성과평가, 실적관리 등 '성과', '실적'이라는 단어만 들어가도 내면의 불안감과 두려움이 되살아나며 마음이 불편해진다. 취지나 본질이 어떻든 '성과'라는 단어를 부정적으로 바라보는 경향이 많다. 결과나 성과를 따지기보다 그냥 열심히 노력하는 과정을 봐주고 격려해주면 좋겠는데, 결과를 가지고 평가하고 보상에 연계하고 공개적으로 점수를 발표하니까 마음이 불편하다는 것이다.

성과에 대한 오해와 편견이 많다. 많은 직장인이 흔히 성과를 담당하는 부서나 직원이 따로 있다고 생각한다. 영업이나 생산처럼 업무가 숫자로 바로 드러나는 부서, 회사의 전체적인 성과를 기획하고 관리하는 기획부서나 평가를 담당하는 인사부서, 또는 조직의 성과를 책임지는 리더만 성과와 관련 있다고 생각하는 것이다. 그리고 무엇보다, 성과를 복잡하고 골치 아픈 일, 힘든 일이라고들 생각한다.

'성과'는 원하는 결과물이 이루어진 상태

'성과成果'는 어떤 일을 수행해서 완료했을 때의 '최종 상태(end state)'를 이루어낸 상태를 말한다. 그리고 원하는 결과물이 이루어진 최종상태를 세부구성요소별로 구체화, 객관화한 것을 '목표'라고 한다. 성과란 목표를 달성한 상태다.

무슨 일을 하든지 일을 하고 나면 기대하는 결과물이 있다. 일을 하는 기준은 이러한 '기대하는 결과물'이 되어야 한다. 결과물이 명확해야 해야 할 일을 구체적으로 알 수 있다. 원하는 결과물의 세부내역이나 달성된 상태의 모습을 명확한 기준의 형태, 즉 '목표'로 표현할 수 있어야 가슴에 와 닿고, 일하고 싶은 의욕이 솟아나는 법이다.

성과에 대한 인식이 명확하지 않으면 목표를 기초로 한 관리가 제대로 이뤄지지 않는다. 기대하는 결과물을 구체적으로 알아야 무엇을 어떻게 해야 하는지 제대로 알 수 있다. 해야 할 일을 정확히 알면 염려스러운 일도 예측할 수 있고, 미리 대응방안을 세울 수 있다.

'성과관리'는 게으른 뇌를 생각하게 만드는 장치

무슨 일을 하든, 어떤 행동을 하든 그 나름의 목적이 있고 원하는 결과물이 다 있다. 그런데 그냥 열심히 노력한다고 해서 원하는 대로 결과물이 나오는 것은 결코 아니다.

특히 요즘과 같은 불확실한 환경 속에서는 더욱 그렇다. 규정대로, 매뉴얼대로 열심히 노력해도 원하는 결과를 얻는 경우는 아주 드물다. 물론 어쩌다 한 번은 운 좋게 결과가 좋을 수도 있겠지만, 그것도 노력한 과정의 결과라기보다는 외부환경적인 변수로 인해 생긴 결과인 경우가 대부분이다.

원하는 결과물에 대한 기준을 목표로 세우고, 인과적으로 선행활동을 해야만 원하는 결과를 얻을 수 있다. 인간의 뇌는 무게가 1.4kg으로 70kg 성인 몸무게를 기준으로 하면 전신의 2%에 불과하다. 하지만 뇌가 사용하는 에너지는 몸 전체를 움직이는 에너지의 20%에 가깝다고 한다. 그래서 뇌는 가급적이면 에너지를 덜 쓰는 메커니즘으로 설계되어 있다는 것이다.

그래서 그런지 우리는 늘 하던 대로 생각하고, 습관대로 행동하는 데 익숙하다. 새로운 변화를 받아들이거나 기존과 다른 기준을 고민하는 등 복잡한 생각을 하면 에너지를 많이 사용하니까 머리를 아프게 한다든지 짜증 나게 하는 등의 방어기제를 작동시킨다. 원하는 성과를 얻기 위해서는, 원하는 성과가 이루어질 수밖에 없도록 뇌의 고정관념을 거스르는 프로세스를 장착하고, 본능을 강제적으로 통제하는 장치를 절차화해야 한다. 이것이 바로 성과관리 프로세스이고, 기간별로 구조화된 양식이며, 성과평가와 피드백 시스템인 것이다.

인생을 자기주도적으로 사는 방법

성과 중심으로 사고하고, 전략 중심으로 행동하고, 목표 중심으로 일하고, 가치 중심으로 삶을 살자는 것은 좀 더 경제적이고 효율적이고 효과적으로 살자는 것이다. 또 실패와 반복되는 실수를 줄이고, 인간답게 행복하게 살자는 것이다. 자기 자신이 인생의 주인공이 되어 자기주도적으로, 주체적으로 살 수 있다면 궁극적으로 자기완결적인 삶에 가까워진다.

성과관리를 왜 해야 할까? 눈앞의 현실도 중요하지만 미래 비전을 위해 지금 해야 할 일, 즉 인과적인 선행과제를 실천하는 것이 바로 성과관리이기 때문이다. 일 자체보다는 일의 목적과 목표인 '원하는 결과물'을 위해 일하는 것이고, 자기중심적으로 생각하기보다 고객을 먼저 생각하는 것이다. 이것은 곧 한정된 자원을 가지고 원하는 성과를 창출하기 위해 가장 먼저 해야 할 일을 선택하고, 시간과 역량과 자원을 거기에 집중한다는 의미다.

또 과제와 일정도 중요하지만 목표와 전략에 더욱 집중해야 하기 때문이기도 하다. 한마디로 성과관리를 한다는 것은, 일하기 전에 성과목표를 합의하고 자기완결적으로 일하는 것이다. 전략적으로 사고하고, 인과적으로 행동하는 것이다.

누구나, 어디나 '성과'와 관련 있다

무엇인가 원하는 것이 있어서 목표를 세우고 실행해봤다면, 당신도 '성과 중심으로' 일해본 것이다. 성적을 잘 받기 위해 공부하는 학생, 생활비를 절약하기 위해 가계부를 적는 주부, 기초체력을 단련하기 위해 운동하는 사람, 매장의 손님 수를 늘리기 위해 영업하는 소상공인…. 자신이 얻고 싶은 결과를 위해 어떠한 형태로든 노력해왔다면, 누구나 '성과'와 관련이 있다. 실행 주체가 누구든 원하는 결과물을 얻기 위해서 필요한 경영하는 방법, 일하는 방법, 생각하는 방법 등이 모두 '성과관리'다.

'성과관리'는 인생을 살아가는 사람이라면 누구나 적용

해야 할 '일하는 방식'이다. 직장에서는 조직의 성과목표 달성을 위해 서로가 지켜야 할 공통의 약속들이 조금 더 추가될 뿐이다. 그리고 본부와 팀, 개인들이 정해진 기간마다 어떠한 결과물을 책임지고 달성해야 할 것인가를 객관화, 수치화시켜 목표로 만든다.

여기에는 부서나 업무내용의 구분이 없다. 어떤 부서에 속해 있든, 어떤 일을 담당하고 있든 모두 하고자 하는 일을 통해 달성해야 할 결과물을 객관화해야 한다는 뜻이다. 영업부서나 생산부서니까 정량화, 수치화하고, 연구개발 부서나 관리지원 조직은 결과물을 정성적인 형태로 표현해도 된다는 의미가 아니다. 모든 조직과 구성원에게 해당한다.

각자 정해진 기간 내에 업무수행을 통해 이루고자 하는 결과물을 객관화된 목표로 설정한다. 원하는 결과물의 크기와 중요도는, 상위조직으로 갈수록, 직책이 높을수록 커진다. 달성해야 할 결과물의 난이도와 중요도에 따라 책임의 범위도 함께 커진다. 조직에서 책임을 진다는 것은 자신이 만들어낸 결과물, 즉 성과에 대해 책임진다는 뜻이다. 그러니 성과와 관계가 없는 사람은 조직에, 아니 세상에 아무도 없다.

성과 중심으로 일하면 목표 중심의 전략적 사고를 할 수 있다. 그 과정에서 실행하는 사람의 생각과 역량이 성장한다. 반복적인 하루하루를 사는 것이 아니라 어제보다 더 성장하고 발전된 하루를 살고 싶다면, 성과 중심으로 일하는 것은 선택이 아닌 필수다.

우리가 하는 일의 결과물을 제대로 목표화하지 못하는 이유가 뭘까? 지식의 문제가 아니라 관심과 요령의 문제다. 그동안 무엇을 목적으로 삼고 일을 했는지 되돌아보고, 보완해야 할 점을 찾아내어 개선하는 것, 그리고 일상생활에 그것을 체화시키는 것, 이 모든 활동은 직장에서만이 아니라, 가정·학교는 물론이고 인생에서도 얼마든지 활용할 수 있는 방식이다.

이 책은 다른 사람의 관리, 감독 없이 실행하는 사람이 스스로 자기완결적으로, 자신이 원하는 성과를 내기 위한 성과관리 방법론을 담았다. 여기서 언급하는 성과관리 방법론은 성과를 책임지고 실행하는 사람이 주체적이고 전략적인 사고를 하고 자기완결적인 실행을 하도록 돕는 인간 존중의 경영관리 기법이다.

성과관리 방법의 중심에는 '사람'이 살아 숨 쉬고 있다. 시키는 대로 일하는 수동적인 부하가 아니라 자신의 역할과 책임에 대해 능동적·주체적으로 실행해 자신의 성과를 책임지는 성과경영자가 우뚝 서 있다.

또한 자신의 경험과 지식이 모두 옳다고 믿는 '안하무인' 상사가 아닌 현장과 데이터에 기반하고 실행하는 사람의 인격과 생각을 존중하고, 실행 프로세스에 대해 성과코칭하고 권한위임하는 리더의 역할을 전제로 하는 실무자들을 위한 방법론을 담았다.

조직에서 일하는 실무자들은 인정받고 존중받는다고 느낄 때 자신의 역할과 책임에 대한 주인의식과 책임감을 발휘한다. 그러한 마음가짐을 가진 사람만이 열정적이고 주체적으로 일하게 되어 있다. 이제 기업이나 기관들은 업무 프로세스를 바꾸고, 일하는 방식을 바꾸고, 툴킷tool kit을 바꿔야 한다.

성수동 협성재에서

류랑도

성과관리를 한다는 것은

일을 하기 전에 원하는 결과물의 기준을

구체적이고 객관화된 목표로 설정하고

이를 달성하기 위해

정해진 기간 내에 한정된 자원을 투입하여

목적과 목표 중심으로

인과적으로 일하는 것을 말한다.

일하는 방법은 원하는 결과물이 쥐고 있다.

일을 하기 전에 원하는 결과물을

제대로 알고 있느냐가 핵심이다.

차 례

PART 2

성과관리 5단계 프로세스

실행 주체가 누구든
원하는 결과물을 얻기 위해서 필요한
경영하는 방법, 일하는 방법,
생각하는 방법 등이 모두 '성과관리'다.

PART 1

성과관리의 본질

성과관리란 무엇인가?

일을 하는 목적은 원하는 성과를 얻기 위한 것이다. 우리가 땀 흘려 노력하는 것도 일을 통해 얻고 싶은 성과가 있기 때문이다. 사물이나 공간에서 불필요한 부분을 과감하게 버리듯이, 업무수행 과정에서도 불필요한 군더더기를 최소화해야 한다.

그 비결은 바로 일의 본질에 집중해보는 것이다. 그 일을 통해 얻고 싶은 성과가 무엇인지, 자신이 얻고자 하는 결과물에 부합하도록 인과적인 과정을 실행했는지, 자기 스스로 일을 성공적으로 끝마쳤다고 말할 수 있는지 등, 본질을 파악하기 위한 질문과 대답을 계속 주고받으면서 각자 일에 대한 생각과 가치관을 세워야 한다.

이 과정에서는 성과에 대한 적확한 이해를 바탕으로 한 논리력과 직관력이 필요하다. 그래야 성과를 창출할 수 있는 문제의 핵심과 실행방법에 더 매진할 수 있다. 본질을 알아야 어떠한 현상에 관한 참된 이해를 얻을 수 있으며, 당면한 문제를 해결할 실마리를 찾을 수 있다.

성과는 실적도 아니고 결과도 아니다

성과관리란 일을 하기 전에 기대하는 결과물의 기준을 성과목표로 구체적으로 설정하고, 성과목표를 달성하기 위한 인과적 달성전략을 수립하고 실행하여 반드시 사전에 설정한 성과목표를 달성하여 성과를 창출할 수 있도록 '일하는 방식'을 말한다.

의미상으로 '실적'이거나 '결과'인데도 부를 때는 '성과'로 포장된 경우가 많다. 이것은 직장에서 사용하는 '평가제도'의 문제점과 연계되어 있다. 우리나라의 대다수 기업과 기관들은 서열화와 등급화를 강조하는 '상대반영 평가제도'를 쓰고 있다. 구성원들이 수행한 업무결과를 점수로 평가한 후, 미리 정해놓은 배분 비율에 따라 강제로 평가등급을 할당하는 것과 같다. 구성원 10명이 모두 90점 이상을 받아도 강제로 A등급 1명, B등급 4명, C등급 4명, D등급 1명으로 배정하는 것과 같다. 강제할당 방식은 동료들을 경쟁상대로 인식하게 만든다. 평가결과는 승진인사나 차등보상의 근거자료가 되기 때문에 경쟁이 더욱 치열해진다.

우리 사회는 그동안 지나치게 실적만 중시한 나머지, 과정에 대한 설명 없이 전체 구성원을 1등부터 꼴등까지 일렬로 늘어놓는 순위경쟁에만 열을 올렸다. 그 결과 서열화·등급화를 통한 단기적인 업적평가에 머물 수밖에 없었고, 실적 지향적 평가, 고과 중심의 평가라는 지적을 받아왔다. 문제는 이러한 과정에서 '실적'을 '성과'라고 불렀다는 사실이다. 개념을 사용할 때는 그 개념이 표현하고자 하는 의미를 제대로 알 필요가 있다.

어떤 일을 열심히 한 행위의 결과가 '실적'이고 그 일을 통해 얻은 원하는 결과물이 '성과'다. 실적은 일을 진행하는 과정에서 얼마나 열심히 했는지 노력의 정도를 계량화한 것을 말한다. 즉, 실적지표는 달성률·방문건수·발표횟수·진도율·점검횟수·작성건수·면담건수·교육횟수와 같이 얼마나 열심히 일했는가를 나타내는 행위지표를 말한다. 이처럼 다른 듯 같은 듯 헷갈렸던 성과와 실적은 서로 다른 개념임을 기억해야 한다.

성과는 '사전에 기획한 결과'

성과의 영어단어인 '퍼포먼스Performance'는 기준이라는 뜻의 'per', 완성된 형태라는 의미의 'form', 상태를 의미하는 'ance'로 나뉜다. 합쳐보면 '완성된 형태의 기준 상태', 즉 '완성된 결과물의 기대모습'이라는 뜻이다. 한자어도 '이룰 성成', '열매 과果'다. 영어와 한자 뜻을 종합해보면 성과란 '일을 통해 기대하는 결과물, 원하는 결과물이 이루어진 상태'다.

여기에 한 가지 중요한 요소가 추가된다. 바로 시점이다. '일을 시작하기 전'에 원하는 결과물의 기준을 정해놓아야 한다. '성과'에는 일을 하기 전에 책임져야 할 결과물에 대해 구체적인 내용을 미리 알고 시작한다는 적극적이고 선제적인 자세가 포함되어 있다.

성과와 실적 외에 혼용해서 사용하는 단어가 하나 더 있다. 바로 '결과'다. 결과는 '일이 마무리된 상태'를 의미하는 것으로 성과도 결과의 일종이다. 하지만, 성과와 결과의 차이는 '의도했느냐'에 있다.

사전에 의도한 결과·목적한 결과·기획된 결과는 '성과'이고, 그렇지 않으면 '결과'다. 성과는 사전에 일의 목적과 목표를 상세하게 정해놓고 이를 위해 인과적으로 일을 추진하는 반면, 결과는 어떠한 과정을 거쳤든 일을 통해 얻은 결과물로만 판단한다. '실적'은 실행과정의 결과물이나 노력한 결과물을 말하고, '결과'는 목적이나 과정과 관계없이 최종적으로 드러난 결과물을 의미한다면 '성과'는 의도한 목적과 목표를 달성한 결과물이다.

성과에 대한 왜곡된 관점은 업무를 기획하고 수행하는 과정 전반에 부정적인 영향을 줄 수 있다. 성과와 결과를 같은 개념으로 이해하면 '과정이야 어떻게 되든지 결과만 좋으면 된다'는 생각에 수단과 방법을 가리지 않고 일하게 된다. 그뿐 아니라 '성과'와 '실적'을 혼동했을 때는, 열심히 일해서 일의 양, 노력의 양을 늘리면 좋은 성과가 나올 거라고 믿게 된다. 이렇게 되면 소비자의 효용 가치를 생각하지 않고 실적 채우기에 급급한 일처리가 되고 만다.

당신이 일하는 방식은 단순히 열심을 낸 실적 중심인가? 또는 의도 없는 결과 중심인가? 아니면 성과 중심인가? 성과 중심으로 일한다는 것은 일을 시작하기 전에 목적과 목표를 명확하게 설정하고 일하는 것이다. 그리고 그 목적과 목표에 부합하는 '인과적인 전략(causal targeting)'을 수립하여 원하는 성과를 반드시 달성한다는 의미다.

'성과'라는 것은 구성원들에게 부담감이나 위축감을 주기 평가수단이 절대 아니다. 실적이나 결과를 성과와 동일한 개념이라고 오해하는 기존의 사고체계를 깨야 한다.

성과주의와 결과주의는 다르다

결과주의란 일의 결과만으로 평가하고 처우하는 것을 말한다. 실적주의라고도 한다. 성과주의란 원하는 성과를 창출하기 위해 목표는 상태적으로 설정했는지, 전략은 타깃 지향적으로 수립했는지, 리스크 헤징risk hedging은 외부환경과 내부역량을 나누어 제대로 대응했는지, 실행은 기간별로 최종목표를 과정목표로 캐스케이딩cascading해서 실행했는지 등 인과적인 과정을 평가하고 성과에 대해 처우하는 것을 말한다.

결과주의는 일의 결과를 판단하는 기준이 과제나 수치목표의 달성률이다. 일정별로 해야 할 일을 하고 나서 드러난 결과로 잘잘못을 판단하는 메커니즘이다. 성과주의는 일의 결과를 판단하는 기준이 원하는 결과물이다. 일을 시작하기 전에 원하는 결과물의 기준을 구체화하고, 원하는 결과물에 인과적인 선행활동을 실행하고 나서, 원하는 결과물의 기준과 실제 결과물을 비교하여 평가하는 메커니즘이다.

결과주의는 실행과정을 일일이 지시하든지 완료기간까지 알아서 하도록 놔두든지 대개 둘 중 하나를 택한다. 결과에 대해 일을 시킨 사람이 피드백한다. 성과주의는 일을 하기 전에 일을 지시하는 사람이나 리더가 원하는 결과물의 기준을 실행조직이나 실무자와 사전에 합의하고 달성전략에 대해 코칭coaching하고 검증한 다음 실행행위는 델리게이션delegation하고 성과에 대해 평가하고 피드백하는 코칭프로세스를 작동시킨다.

결과주의는 결과에 이르는 과정보다 일의 결과만 따지고, 실행방법의 의사결정에 개입하거나 방임하는 형태를 보인다. 성과주의와 결과주의의 차이를 개념적으로 명확하게 이해하고 성과주의에 기반하여 실행 프로세스를 제대로 지켜나갈 때 비로소 제대로 일하고 원하는 성과를 반복적으로 창출할 수 있다.

사람들 대부분이 성과주의와 결과주의의 차이에 대해 구체적으로 구분하지 못할뿐더러 개념을 구분하는 것이 뭐가 그리 중요하냐고 대수롭지 않게 생각하는 경우가 많다. 개념을 제대로 인식하지 못하면 생각을 제대로 할 수 없고, 생각을 제대로 할 수 없으면 행동을 제대로 할 수 없고, 당연히 일도 제대로 할 수 없다.

문제는 '결과주의'

영어로 결과를 뜻하는 '리절트result'는 수동적·맹목적인 결과이고, 성과를 뜻하는 '퍼포먼스'는 능동적·의도적으로 결과물이 달성된 상태다. 성과주의는 의도하고 기획한 대로 결과물이 산출되었는지 평가하고 보상하는 방식이다.

언론이나 지식인들은 비판적 관점에서 '성과주의의 폐해'를 지적한다. 환경은 개인이 통제할 수 없고 회사가 일방적으로 목표를 부여하는데 어떻게 성과를 관리할 수 있느냐며 의구심을 품는 것이다. 개인이 아무리 노력해도 어쩔 수 없는 환경에서는 매출·이익 등을 관리할 수 없다며 억울해한다.

그러나 그들이 제기하는 문제의 요지는, 결과 지상주의나 업적평가를 바탕으로 한 차등보상에서 비롯된 것이다. 성과주의를 성과급주의, 단기 실적주의, 결과주의, 숫자주의, 이윤 지상주의라고 오해해서 그렇다. 무엇보다 많은 사람이 느끼는 '성과주의의 폐해'는 '결과주의의 폐해'를 잘못 알아서 생겨난 것이다.

성과주의는 어떠한 역할을 해야 하는지, 일을 통해 책임져야 할 기준이 무엇인지를 사전에 합의하는 것이 첫 번째 요건이다. 책임져야 할 결과물의 기준에 대해 합의했으면 성과목표 달성전략을 실행자가 수립하고 코칭한 다음 실행 행위에 대해서는 권한위임, 즉 델리게이션하는 것이 두 번째 요건이다. 일이 끝나고 난 후에는 사전에 합의한 기준을 달성했느냐 여부를 평가하고 평가결과에 따라 보상받는 것이 세 번째 요건이다. 이것이 '성과주의'의 핵심이다.

사전에 상호 합의한 기준을 바탕으로 실무자는 목표와

전략과 자원을 기획하고 성과를 미리 예측할 수 있다. 사전에 의도하고 기획했던 결과이기 때문에 평가결과에 대한 오해의 소지를 줄일 수 있다. 반면 '결과주의'는 일을 통해 얻은 결과물로만 평가한다. 실행자가 의도했는지, 의도하지 않았는지, 얼마나 노력했는지 여부는 관심이 없다. 또 얼마나 노력했느냐를 기준으로 삼는 것은 '실적주의'다. 실적주의에서는 근무시간이 얼마나 길었는지, 의견을 몇 건이나 제안했는지 등 노력한 행위 자체가 실행자를 평가하는 기준이 된다.

앞에서 말한 것처럼 일부에서 '실적'을 '결과'와 혼동하여 이해관계에 충돌이 생기고, 사실상 실행자 입장에서는 결과만을 놓고 자신을 평가하고 관리하겠다는 '결과주의'라는 느낌을 강하게 받는다.

어떤 일을 열심히 한 행위의 결과가 '실적'이고

그 일을 통해 얻은 원하는 결과물이 '성과'다.

'실적'은 일을 진행하는 과정에서

얼마나 열심히 했는지

노력의 정도를 계량화한 것을 말한다.

일하는 방식의 혁명

성과관리의 특징은 일하는 기준이 '과제'가 아니라 '원하는 결과물, 성과목표'다. 실행하는 과정은 막연한 실행이 아니라 인과적(causal) 실행이며, 실행하는 방식도 상위리더의 지시와 간섭이 아니라 델리게이션이 전제되는 방식이다. 일하는 방식을 실적관리 방식에서 성과관리 방식으로 혁신해야 한다고 하면 대개 페이퍼 워킹paper working을 다르게 하거나 평가제도를 바꾸는 것이라고 생각하는 경우가 많다. 일을 하기 전에 성과목표를 설정하고 전략을 수립하는 양식을 CEO나 상위리더에게 평가받는 보고용 문서라고만 생각하거나, 정작 실제 업무에서는 사용하지 못하는, 형식적으로 작성하는 소모적인 계획서 정도라고 생각하는 경우도 있다.

'성과를 관리한다'는 것은 정해진 기간 내에 한정된 자원을 가지고 인과적 실행과정(causal execution)을 거쳐 자기완결적으로 원하는 결과물을 이루어내는 것을 말한다. 성과관리는 단지 양식을 바꾸고 제도와 시스템을 변경하는 것을 넘어서서 일하는 문화를 혁신하는 것이다.

일하는 프로세스가 과제와 절차, 일정 중심의 귀납적인 프로세스가 아니라 성과목표와 인과적 달성전략 중심의 연역적인 프로세스다. 본부장과 팀장과 같은 직책자의 역할이 지시통제 중심의 '상사' 역할에서 코칭과 권한위임 중심의 '리더' 역할로 바뀌고, 실무자의 역할이 시키는 대로 일하는 수동적인 부하, 업무실행자 역할에서 자기주도적으로 일하는 능동적인 파트너, 자기완결적 성과경영자로 완전히 바뀐다.

왜 성과관리로 바꿔야 하는가?

일하는 기준과 실행 프로세스와 의사결정의 주체가 완전히 바뀌는 일하는 방식의 혁명이 바로 성과관리 방식이다. 성과관리 방식으로 일해야 하는 4가지 이유는 다음과 같다.

1. 고객가치를 현실화하기 위해서

기업이나 개인이나 나름대로 열심히 일했다고 하지만 수요자인 고객이 결과물의 가치를 인정하지 않으면 거래는 성립하지 않는다. 성과는 고객과 거래하는 상품이다. 고객 중심으로 생각하고 행동하고 일해야 한다. 수요자가 만족해야 그 결과물은 거래가치가 생기고 이익으로 연결된다.

2. 한정된 자원을 성과가 창출되는 일에 우선적으로 배분하기 위해서

우리에게 주어진 시간·인원·예산·인력의 능력과 역량은 항상 한정적이다. 원하는 성과를 창출하기 위해 자원을 최적화하여 사용하려면 어디에 사용할 것인지 그 대상이 분명해야 한다. 성과목표가 구체적일수록 자원을 어디에, 얼마나 써야 할지를 지혜롭게 결정할 수 있다. 그래서 성과관리는 '전략적 자원관리'라고 한다.

3. 예상치 못한 리스크를 최소화하기 위해서

일을 하기 전에 원하는 결과물의 기준을 구체화하여 성과목표의 세부구성요소로 설정하면 인과적 달성전략을 수립할 수 있고 어떤 리스크요인이 성과를 창출하는 데 부정적인 영향을 미칠 것인지 예상할 수 있다. 그러면 대응방안을 수립하고 플랜B를 생각할 수 있다.

성과목표 달성에 부정적인 영향을 미칠 수 있는 변동변수나 통제 불가능한 예상리스크요소는 성과목표를 얼마나 구체적으로 표현하느냐와 얼마나 타깃 지향적인 달성전략을 세우고 실행하느냐에 달려 있다.

4. 자기완결적 권한위임을 제대로 실행하기 위해서

일과 관련된 현장의 상황은 일을 담당하고 있는 실행자가 가장 잘 안다. 성과창출을 위해서는 실행 담당자가 일에 대한 주도권을 가지고 자기완결적으로 일해야 한다. 실행자가 일에 대한 자기주도성을 갖기 위해서 리더로부터, 일을 요청한 사람으로부터 권한을 위임받는 것이 중요하다. 권한위임의 핵심은 일을 해서 책임져야 할 결과물인 성과목표와 실행자의 달성전략이다.

최선을 다하는 것은 중요하다. 하지만 목적 없는 최선은 의미 없다. 기업이나 조직에서 일하거나 개인적으로 고객을 상대로 거래를 하는 사람들은 항상 고객가치·이익개념·원가의식·선택과 집중·전략적 인과관계라는 개념을 생각하고 행동해 실천으로 옮겨야 한다. 성과관리는 원하는 결과물을 얻기 위한 '전략적 과정관리'다.

왜 조직에 제대로 정착되지 않는가?

성장시대, 성장사회, 산업사회, 공급자 중심의 시장환경에서 통용되었던 일하는 방법론을 실적관리, 방침관리라고 한다. 일을 하기 전에 실행지침이나 방침을 정하고 나서 일을 열심히 한 다음에 결과가 어떻게 되었는지, 달성률이 얼마인지, 열심히 일한 내용이 무엇이었는지를 상사가 따져보는 방식이 실적관리다.

성과관리는 성숙시대, 성숙사회, 지식사회, 수요자 중심의 시장환경에서 적용해야 할 일하는 방법론이다. 성과관리를 다른 말로 '고객만족 관리'라고 하는 이유가 여기에 있다. 성과관리가 제대로 기업이나 기관에 정착되지 못한 이유는 크게 4가지로 나누어볼 수 있다.

1. 개념과 당위성에 대한 이해 부족

첫 번째는 성과관리에 대한 개념과 당위성에 대한 이해가 부족한 것이 가장 큰 이유이다. 의외로 많은 조직과 사람들이 개념과 당위성에 대해 그다지 중요성을 깨닫지 못하고 있다. 개념은 일종의 뇌에 대한 명령어라고 할 수 있으며 개념이 명확하지 못하면 상황이나 현상에 대한 인식론과 문제의식이 부족하다. 당위성은 자기 자신에 대한 설득인데 설득이 논리적이지 못하면 내면에서 수용하지 못하고 저항감이 일어나게 마련이다.

2. 리더의 미진한 역할행동

두 번째는 성과관리 제도나 시스템은 BSC Balanced Score Card 를 기반으로 한 KPI Key Performance Indicator 개념, MBO Management By Objectives 와 성과평가 시스템, 차등보상 프로그램 등이 도입되고 정착되었다. 하지만 정작 중요한 것은 운영시스템의 핵심인 본부장, 팀장과 같은 직책자들의 역할행동인데, 이 리더들의 역할행동으로 제대로 혁신되지 않고 예전의

상사역할에 머무르고 있다는 것이 성과관리 방식의 정착을
가로막는다.

3. 여전히 일정 중심으로 돌아가는 업무방식

세 번째는 성과관리 메커니즘이 프로세스대로 작동하도
록 중장기 전략 수립이나 연간 사업계획 수립, 분기, 월간,
주간 업무계획을 성과관리의 취지에 맞도록 제대로 용어나
프로세스를 혁신하지 않아서다. 아직도 대부분 일하는 기
준이 과제와 일정 중심이고, '업무계획서', '실적보고'라는
용어도 계속 쓰는 것이 현실이다.

4. 공정하지 못한 보상제도

네 번째는 성과평가와 보상제도가 공정하게 연계되지 않
아서다. 일을 한 사람들은 자신이 한 일의 결과가 얼마나 조
직의 성과에 기여했는지 궁금하고, 초과성과를 창출했으면
그만큼 인정받기를 원한다. 하지만 아직도 많은 조직이 성
과에 큰 기여를 한 사람이나 그냥 열심히만 한 사람이나 동
일하게 처우한다. 그런 식이라면 창의적이고 역량이 뛰어난
구성원들은 자신의 역량을 100% 발휘하지도 않을뿐더러 조
그마한 갈등에도 이직이나 퇴사를 생각하게 된다.

성공적인 성과관리를 위한 핵심요인

그렇다면 성과관리 방식이 조직에 성공적으로 정착하려면 어떻게 해야 할까? 조직운영 차원에서 다음과 같은 3가지가 반드시 실현되어야 한다.

1. 리더의 역할혁신과 성과코칭

첫째, 본부장, 팀장, 팀원의 역할혁신과 성과관리 교육훈련과 성과코칭이 필요하다. 성과관리는 실행자가 자기완결적으로 일하여 성과를 창출하도록 하는 것이다. 그러기 위해 본부장, 팀장들은 역할과 책임을 부여하는 역량과 성과코칭 역량, 권한위임 역량, 성과평가와 피드백 역량이 필요하다. 팀원들에게는 성과목표를 구체적으로 설정하는 역량과 달성전략 수립 역량, 예상리스크 대응방안을 제대로 수립할 수 있는 역량을 교육하고 훈련하며 코칭해야 한다.

2. 업무계획서를 성과기획서로

둘째, 월간, 주간 업무계획서를 성과기획서로 바꾸어야 한다. 아무리 직책자들의 역할혁신이 잘 이루어진다 해도 일상적인 업무활동의 핵심도구인 기간별 업무관리 도구가 개선되지 않으면 일하는 프로세스가 개선되지 않고 성과 중심으로 일하는 방식이 체질화되지 않는다.

3. 지속적·주기적인 평가와 피드백

셋째, 성과평가의 혁신이 이루어져야 한다. 프로젝트를 하나 끝냈을 때, 혹은 주간이나 월간과 같이 기간별로 주말이나 월말이 되면 성과평가와 피드백이 주기적으로 자연스럽게 이루어져야 한다. 분기나 반기, 연간 단위의 평가가 그저 날짜가 돌아와서 형식적으로 하는 것이 아니라 수시로 이루어져야 한다. 특히 주간, 월간 단위의 기간별로 평가와 피드백이 지속적으로 이루어져야 한다.

조직운영이 아닌 개인의 일상에도 이것을 적용해볼 수 있다. 일하는 방식을 혁신하기 위해서는 다음의 3가지가 중요하다. 첫째, 일하는 기준을 과제가 아니라 과제수행을 통한 결과물, 즉 성과목표로 삼아야 한다. 둘째, 성과목표를 실행하는 과정이 인과적 실행이 되도록 점검해야 한다. 셋째, 실행전략과 실행행위에 대한 의사결정 권한이 실무자에게 델리게이션 되어야 한다.

전략적으로 일한다는 것은
목표 중심으로 일한다는 것이다.
목표란 수요자가 원하는 결과물의 기준을
객관적으로 표현해놓은 상태다.
목표는 방향이나 예상 결과치가 아니라
반드시 이루고자 하는 결과물의 객관적인
상태를 말한다.

PART 2

성과관리 5단계 프로세스

성과관리 5단계 프로세스 한눈에 살펴보기

성과는 성과목표를 달성한 결과물이다. 성과를 창출하기 위해서는 반드시 미래의 성과기준을 객관화한 성과목표가 설정되어야 한다. 성과관리를 한 문장으로 요약하면 이렇다. 일을 하기 전에 정해진 기간 내에 달성하고자 하는 성과목표를 설정하고, 성과목표 달성에 인과적인 전략과 실행계획을 수립한 후 기간별로 실행하여 원하는 성과를 창출하도록 매니지먼트management하는 것이다. 성과관리의 기본 프로세스는 우리가 익히 알고 있는 매니지먼트의 기본인 플랜plan, 두do, 시 앤드 피드백see & Feedback 프로세스에 기초한다.

플랜

플랜 단계에서 반드시 결정해야 하는 것이 핵심과제, 성과목표, 달성전략, 실행계획이다. 플랜 단계에서 수행하는 활동을 '프리뷰preview'라고 한다.

두

두 단계에서 중요하게 해야 할 일은 캐스케이딩과 롤링플랜rolling plan 수립, 협업 등인데 이러한 일련의 과정을 합해 '인과적 실행'이라고 한다. 캐스케이딩이란 연간목표나 전체목표를 분기, 월간, 주간, 일일 단위의 기간별 작은 목표로 세분화하는 것이다. 롤링플랜이란 애초에 수립한 목표와 전략, 실행계획을 막상 실행으로 옮기려고 할 때 현장상황의 변화와 외부 환경의 변화로 인해 애초에 수립한 목표 수준이나 달성전략, 실행계획을 기획하고 계획한 대로 적용할 수 없어서 상황에 맞게 수정하는 것을 말한다.

시 앤드 피드백

시 앤드 피드백 단계에서 해야 할 일은 성과평가와 피드백이다. 이 단계에서 수행하는 활동을 '리뷰review'라고 한다.

[표1] 성과관리 프로세스 한눈에 보기

프리뷰	인과적 실행	리뷰
1. 핵심과제 선정 2. 성과목표 설정 3. 성과목표 달성전략 　수립 4. 액션플랜 수립	5. 캐스케이딩 6. 협업	7. 성과평가 8. 전략 & 프로세스 평가 9. 개선과제 도출 & 　만회대책 수립

성과관리 프로세스는 프리뷰, 인과적 실행, 리뷰의 크게 3단계로 나눌 수 있고, 실무적으로 나누어보면 크게 핵심과제 선정, 성과목표 설정, 성과목표 달성전략 수립, 성과목표 실행, 성과평가와 피드백의 5단계로 나누어볼 수 있다.

1. 핵심과제 선정

핵심과제란 그냥 업무분장에 따라 해야 할 과제가 아니라, 자신이 소속된 조직의 성과를 창출하기 위해서 정해진 기간 내에 가장 우선적으로 해야 할 중요한 일이나 과제이자 역할이다. 일일·주간·월간·분기·반기·연간·중장기 단위로 기간별 핵심과제를 선정할 수 있다. 핵심과제의 명칭은 자신이 실행할 수 있는 역할 내에서 선정하며 과제의 대상과 실행방향이 구체적이어야 한다.

2. 성과목표 설정

성과목표를 설정하기 위해서는 보통 성과를 측정(metrics) 하거나 판단하는 기준인 핵심성과지표, 즉 KPI를 사용한 다. KPI와 수치목표를 합하여 '성과목표'라고 한다. 그런데 이 성과목표를 KPI와 수치목표의 형태로 설정할 수 있는 조직이나 업무도 있지만 그렇지 않은 경우도 있다. 대개 영업, 생산, 구매, 회계업무와 같이 기간별로 반복적·연속적 으로 돌아가는 업무는 성과기준을 KPI와 수치목표의 형태 로 표현할 수 있다.

하지만 지원업무, 연구개발업무, 기획업무 등 일회적·불 연속적으로 진행되는 과제 중심의 업무의 경우나 최종결과 물이 아닌 과정결과물의 경우에는 KPI와 수치목표의 형태 로 성과목표를 설정할 수 없다. 후자의 경우에는 억지로 수 치화하지 말고 상태적 목표(objective)의 원하는 성과목표가 기대한 대로 이루어진 상태를 세부구성요소의 형태로 객관 적이고 구체적으로 표현하는 것이 좋다. 대개 연간 단위로 성과목표를 설정해보면 업무특성에 상관없이 KPI와 수치 목표의 형태로 성과목표를 설정할 수 있지만 분기·월간·주 간 단위의 성과목표는 KPI와 수치목표의 형태보다는 상태적 목표의 형태로 표현하는 것이 바람직하다.

KPI와 수치목표의 형태로 성과목표를 설정할 경우에도 성과목표는 상태적 목표, 성과목표조감도의 형태로 마치 이루어진 듯이 구체적으로 표현해야 전략을 수립하거나 성과목표 달성 정도를 모니터링할 수 있다.

3. 성과목표 달성전략 수립

성과목표 달성전략이란 성과목표와 예상 달성 가능 수준의 차이를 규명하고 차이를 메우기 위한 세부 타깃(대상)과 공략방법을 결정하는 것을 말한다.

고정요소와 변동요소의 분류

성과목표 달성전략을 수립하려면 먼저 고정요소와 변동요소를 구별해야 한다. 성과목표조감도의 구성요소 중에서 통상적인 노력으로 달성할 수 있는 요소는 고정요소, 통상적인 노력으로 달성하기 어려워서 방법도 바꾸고 투입할 자원과 역량이 많을 것으로 예상되면 변동요소로 분류한다.

고정변수와 변동변수에 따른 달성전략 수립

고정요소와 변동요소를 분류한 다음에는, 각 요소별로 고정변수와 변동변수 달성전략을 수립한다. 성과목표조감도에는 고정요소와 변동요소로 표현했지만, 전략을 수립할 때는 고정변수와 변동변수로 표현한다. 성과목표조감도는 달성된 상태를 표현한 것이어서 명사인 '요소'로 표현하고, 전략을 실행하는 대상은 '변수'로 표현한다. 변동할 가능성이 충분히 있다는 뜻이다.

예상리스크 대응방안 수립

성과목표 달성전략을 실행하는 데 통제 불가능한 외부환경 리스크요인과 내부역량 리스크요인을 도출하고, 그에 대한 대응방안을 마련한다. 대응이 어렵다고 판단되면 플랜B를 수립해야 한다.

실행계획(액션플랜) 수립

성과목표 달성전략과 예상리스크 대응방안을 행동으로 옮기기 위해 일정별로 순서를 정해 실행 및 추진계획을 수립한다.

4. 성과목표 실행

수립된 성과목표와 달성전략, 실행계획을 분기·월간·주간·일일 단위로 잘게 캐스케이딩하여 기간별로 역할과 책임의 기준을 정하고 실행해 과정결과물을 산출하고, 기간별로 과정 성과평가와 피드백을 정기적으로 반복하여 성과를 축적해 가는 과정이다.

일을 진행하면서 고정변수와 변동변수가 예상했던 것과 다를 때, 환경변화에 따라 롤링플랜으로 수정해 나간다. 성과목표와 달성전략을 실행할 때 협업을 하게 되는데 협업은 상하 간에 이루어지는 수직적 협업과 동료, 타부서와 이루어지는 수평적 협업으로 구분된다.

5. 성과평가와 피드백

성과목표 실행이 완료되고 나면 객관적인 데이터를 바탕으로 성과평가, 전략평가, 프로세스평가를 실시한다. 평가 과정을 통해 성과창출에 긍정적인 영향을 미친 부분과 부정적인 영향을 미친 부분의 원인을 분석한다. 그것에 대한 개선과제를 도출한 후 다음 목표를 설정하고 실행하는 데 반영한다. 성과목표 미달성 부분이 있다면, 그에 대해서는 별도의 만회대책을 수립하여 언제까지 어떻게 실행할 것인지 피드백한다.

최선을 다하는 것은 중요하다.
하지만 목적 없는 최선은 의미 없다.
기업이나 조직에서 일하거나
개인적으로 고객을 상대로 거래를 하는 사람들은
항상 고객가치, 이익개념, 원가의식,
선택과 집중, 전략적 인과관계라는 개념을
생각하고 행동하고 실천으로 옮겨야 한다.
성과관리는 원하는 결과물을 얻기 위한
'전략적 과정관리'다.

1단계 : 핵심과제 선정

과제(task)는 직무(job)나 행위(activity)와 다르다. 보통 직무분석을 할 때 단계를 분류해보면 제일 상위단계에 영업직군, 생산직군, 연구개발직군과 같은 직군(job family)이 있고, 바로 아래 하위단계에 매출관리, 생산관리, 영업지원관리, 인사관리, 품질관리 등과 같은 직무(job)가 있다.

　직무단계 아래 영업 매뉴얼 작업, 생산 원가 절감, 구매 프로세스 개선, 인사평가 제도 개선과 같은 과제(task)가 있다. 과제의 하위단계에 신규거래처 보고, 인센티브 방안 결재, 업무회의 일정 통보 같은 단순 업무행위를 지칭하는 액티비티activity가 있다.

성과창출에 결정적인 핵심과제

핵심과제(Critical Success Factor, CSF)는 자신의 역할과제 중에서 정해진 기간 내에 상위조직의 성과창출에 가장 결정적인 영향을 미칠 수 있는 인과적인 과제다. 정해진 기간 내에 선택하고 집중하여 역량과 자원을 쏟아부어야 할 우선순위 과제라고 할 수 있다.

조직마다 주요과제, 전략과제, 중점과제, 우선과제, 성과평가항목 등으로 다양하게 불리기도 하지만 한정된 자원으로 가장 우선적으로 시간과 예산과 역량을 쏟아부어야 할 중요한 과제를 의미한다.

핵심과제를 표현할 때는 예를 들어 '대형 네트워크 병원

임플란트 매출 증대', '20대 대학생 고객 확보', '영업직 기획역량 강화' 등과 같이 구체적인 타깃이나 업무대상을 어떻게 하겠다라는 식으로 표현하는 것이 좋다.

핵심과제의 종류

1. 당기과제: 당면과제라고도 하는 데 당해연도나 정해진 기간 내에 상위조직의 성과창출을 위해 기여해야 할 가장 시급한 과제다.
2. 선행과제: 당기에 최종결과물이 산출되지는 않지만 1분기나 반기 혹은 1년, 2~3년 후의 미래의 성과를 창출하기 위해 선행적으로 미리 수행하고자 하는 과제다. '신규고객 확보', '사업 타당성 분석'이나 '시장조사 분석' 등이 있다.
3. 개선과제: 지난해 혹은 지난 분기, 반기 동안 성과를 분석해서 성과부진의 원인으로 작용하는 요인을 찾아내서 반복적으로 성과창출에 부정적인 영향을 미치지 못하도록 개선하고자 하는 과제다.

그 외에 핵심과제가 부여되는 방향을 기준으로 상위조직에서 부여하는 전략과제, 스스로 선택하는 본연과제, 타 조직에서 요청하는 협업과제로 나눌 수도 있다.

핵심과제를 잘 선정해야 하는 이유

핵심과제를 잘 선정해야 하는 이유는 바로 한정된 자원 때문이다. 조직이나 개인이 가지고 있는 능력과 역량, 시간, 정보, 예산과 같은 자원은 한정되어 있고, 달성해야 목표수준은 높다 보니 자신에게 업무분장된 모든 일을 다 할 수가 없다.

그래서 정해진 기간 내에 상위조직의 성과목표 달성에 결정적인 영향을 미치는 인과적인 과제들을 우선적으로 선별해 '선택과 집중'을 할 수밖에 없다. 성과창출에 결정적인 영향이 미치지 않는 일에 시간과 역량을 쏟아붓는 것은 대단히 비효율적이다. 그뿐 아니라 조직의 성과창출에 부정적인 영향을 미친다. 때문에 핵심과제 선정이 무엇보다 중요하다.

핵심과제를 선정하는 법

밤에 충분히 자면서 공부해도 성적이 좋은 학생이 있는 반면, 서너 시간밖에 안 자고 열심히 공부하는데도 성적이 시원찮은 학생이 있다. 이 둘의 차이는 뭘까?

성적을 좌우하는 것은, 혼자 몇 시간을 공부하느냐가 아니라 수업시간에 얼마나 집중하느냐다. 밤에 공부하느라 정작 수업시간에 졸거나 멍하게 있다면, 시험에 나올 만한 중요한 내용들을 놓치기 십상이다. 수업시간에 집중해야 시험에 나오는 문제의 핵심과 원리를 제대로 이해할 수 있으니 말이다.

비슷한 맥락으로 생각해볼 때 직장에서 우리는 어떤 모

습인가? 선생님이 짚어주신 학습 포인트를 캐치하지 못한 채 그저 열심히만 공부하는 학생처럼 일하고 있지는 않은 가? 업무를 제시간에 끝내지 못하는 대표적인 이유는, 내가 하는 일에 대한 리더의 니즈needs와 원츠wants를 제대로 파악하지 못했다는 점이다. 시험에 안 나오는 것만 공부하는 학생과 같다. 마찬가지로 업무가 잔뜩 쌓여 있을 때, 흔히들 급하고 중요한 일부터 처리해야 한다고 알고는 하지만, 실제로는 그냥 자기가 먼저 하고 싶은 일부터 처리한다. 직장에서 우리의 역할은 리더가 나에게 위임한 업무를 리더가 원하는 업무수행 결과물의 품질로 원하는 기한 내에 완수해내는 것이다.

핵심과제의 우선순위를 정하는 기준

하기 쉬운 일, 하고 싶은 일을 선택하는 것이 아니다. 그 일을 요청한 상위리더의 니즈와 원츠에 부합하는 결과물, 일을 요청한 사람이 원하는 결과물을 만들어내야 한다. 하지 않아도 될 일을 효율적으로 하는 것만큼 쓸모없는 일은 없다.

가장 급하고 중요한 A라는 일이 주어졌다고 치자. A라는 일에 최선을 다해도 원하는 최적의 성과를 이뤄낼지 못 이 뤄낼지 모르는 상황에서, 부수적인 일 B·C·D를 처리하는 데 나의 한정된 자원을 낭비해서는 안 된다. 의미 없는 일에서 가치를 찾지 말고, 가치 있는 일에 한정된 자원, 시간, 에너지를 지혜롭게 쏟아야 한다. 우리가 가진 시간과 에너지를 최적의 업무에 투입하려면 중요한 일, 핵심적인 일을 먼저 구별해낼 필요가 있다.

그렇다면 어떻게 핵심과제를 골라낼 수 있을까? 먼저 일의 대상을 구별할 때는 긴급성과 중요성이라는 2가지를 명심해야 한다. 정해진 기간 내에 가장 우선적으로 해야 할 일을 선택한다. 그리고 정해진 기간 내에 집중하여 역량을 쏟아부어야 할 일, 가장 우선적으로 해야 할 일이자 성과창출에 가장 결정적인 영향을 미칠 수 있는 핵심 성공요인을 찾아낸다. 그것이 바로 내가 해야 할 일의 '우선과제 대상'이 된다. 이것을 일반적으로 '핵심과제' 혹은 '전략과제'라고 부른다.

우리는 보통 혼자서 일하기보다 팀이나 파트 등 집단에 소속되어 일하기 때문에, 우리가 수행하는 일은 조직의 성과를 이뤄내기 위한 선행과제라 할 수 있다. 따라서 핵심과제를 제대로 선정하기 위한 시작은, 자신이 속한 조직의 성과목표와 전략을 분석하는 것이다. 상위조직의 성과목표 달성을 위해 선행적으로 완수해야 할 일들 중에 우리가 가장 우선적으로 실행해야 할 과제가 있다.

핵심과제 선정은 자신이 수행하는 과제에 대한 방향을 제시하고 과제수행 결과의 성공 여부를 판단하는 기초적인 단계로, 결과에 대한 책임을 자신이 우선적으로 져야 할 만큼 중요한 일이어야 한다.

정해진 기간 내에 우리가 중점적으로 수행해야 할 핵심과제를 의미 있게, 제대로 선정하기 위해서는 무엇을 가장 먼저 해야 할까? 바로 상위조직의 성과목표와 전략이 어떻게 구성되어 있는지를 구체적으로 확인하고 분석해보는 것이 필요하다.

조직에 소속된 구성원들은 자신이 하고 싶은 일을 자기 마음대로 해서는 안 된다. 조직이 원하는 일, 구성원으로서 당신이 해야 할 일을 하고 조직의 기대에 맞는 결과물을 산출해야 한다. 이것이 '역할과 책임'이다. 역할이란 상위리더나 다른 구성원들과의 관계 속에서 자신이 수행해야 할 과제이고, 책임이란 역할수행을 통해 이루어내야 할 결과물이다. 연간이나 반기 단위로 자신이 해야 할 핵심과제란, 바로 해당 기간에 소속된 조직에 가장 우선적으로 기여해야 할 역할이다.

당기과제 선정

상위조직의 성과목표와 전략을 확인했다면, 올해 상위조직의 성과목표 달성을 위해 자신이 기여해야 할 당기과제들이 무엇인지 도출한다. 당기과제는 당면과제라고도 하는데 과제수행을 통해 해당 기간에 결과물을 산출해야 하는 과제다. 상위조직의 리더로부터 핵심과제를 부여받기 전에 먼저 상위조직의 성과목표 달성에 기여해야 할 핵심과제가 무엇일지 스스로 먼저 고민해 보고 상위리더의 코칭을 받는 것이 바람직하다. 상위조직의 성과목표 달성에 기여할 과제를 도출할 때는 '파레토의 법칙'을 적용시키는 지혜가 필요하다.

선행과제와 개선과제 선정

상위조직의 성과목표 달성에 기여할 당기 핵심과제를 선택한 후에는, 자신의 본연업무와 관련된 과제 중에서 미래의 성과창출을 위해 지금 이 기간에 선행적으로 추진해야 할 선행과제가 무엇인지, 그리고 과거에 성과부진의 원인을 해결할 수 있는 개선과제가 무엇인지를 고민해봐야 한다.

선행과제는 해당 기간에 과제를 실행하지만 최종결과물은 해당 기간에 산출하기 어렵다. 선행과제는 분기나 월간 단위로 성과관리를 할 때 매우 중요한 개념이다. 다음 분기나 다음 달 성과를 창출하기 위해 이번 분기, 이번 달에 반드시 선행적·인과적으로 실행해야 할 과제이기 때문이다.

개선과제는 주로 능력이나 역량과 관련된 부분이 많다. 전년도 성과를 분석해보거나 지난 분기, 지난달 성과를 분석해보면 자신의 능력이나 역량이 부족해 성과가 부진한 것으로 원인이 분석될 수 있다. 그 경우 자신의 부족한 능력과 역량을 향상시키지 않으면 다음번, 다다음 번에도 반복적으로 성과가 부진할 수밖에 없다. 때문에 반드시 개선과제를 도출해서 목표를 세우고 실행해야 한다.

현재 상태, 현재 수준 현황파악

핵심과제가 선정되었으면 반드시 해야 하는 다음 작업이 바로 현황파악이다. 핵심과제가 되었든 일반과제가 되었든 과제가 선정되었으면 과제의 현재 상태, 현재 수준을 객관적으로 파악해야 성과목표를 구체적으로 설정할 수 있다.

성과목표를 구체적으로 설정하지 못하는 가장 큰 이유는, 바로 과제에 대해 현황파악을 구체적으로 하지 않아서다. 과제의 구체적인 내용, 과제와 관련된 이해관계자들의 요구사항, 과제의 현재 상태나 수준, 과제수행에 실제로 투입 가능한 인원, 예산, 시간 등을 객관적·구체적으로 파악해야 한다. 먼저 다음의 4가지를 구체화한다.

1. 과제개요(profile): 과제의 구체적인 내용과 수행범위를 구체화한다.
2. 과제에 대한 이해관계자의 요구사항(needs): 주로 CEO나 과제 관련 부서의 요구사항을 파악한다.
3. 과제의 현재 상태나 수준(as is): 구체적으로 과제와 관련되어 현재 갖추어져 있는 것과 부족한 것을 파악한다.
4. 과제수행 투입 가능 자원: 과제를 수행하는 데 투입 가능한 자원(인력, 예산, 시간)을 확인한다.

수요자에게 사전에 확인할 것

우리가 일을 하는 목적은 정해진 기간 내에 수요자가 원하는 결과물을 이뤄내기 위해서다. 단순히 기간 내에 끝내는 것이 아니라 수요자가 원하는 결과물의 기준대로 끝내야 한다. 일의 결과물에 대한 수요자는 대개 상위리더다. 물론 CEO나 임원, 팀장 입장에서는 실행을 담당하는 하위조직장이나 실무자가 수요자다.

일을 요청한 사람, 즉 수요자가 원하는 기준이 무엇인지 알아보려면 일을 하기 전에 그에게 직접 물어봐야 한다. 그런데 문제는 수요자에게 원하는 결과물의 기준이 무엇이냐고 물어보면 대개 일단 해보라고 한다는 것이다. 수요자도 일을 지시하거나 요청하긴 했어도 결과물에 대한 기준이 명확하지 않아서 그렇다. 물론 언제까지 끝내야 한다는 일정은 정확하게 이야기하지만, 어떤 결과물을 원하는지 구체적인 기준이나 모습은 없는 경우가 많다.

수요자가 원하는 결과물의 기준을 파악하려면 어떻게 해야 할까? 공급자인 실행자가 자기 나름의 근거에 따라 과제에 대한 현황을 파악하고, 그것을 바탕으로 '원하는 결과물'의 기준을 구체화한 후에 수요자에게 확인하는 것이 좋다. 공급자인 실행자가 생각하는 구체적인 기준이 없는 채로 수요자에게 어떤 모습을 원하느냐고 물어본들 기대했던 대답을 듣기 어렵기 때문이다.

수요자로부터 좀 더 구체적이고 명확한 대답을 듣고 싶다면 공급자의 생각을 먼저 글로 정리해 수요자에게 보여주는 것이 좋다. 그렇게 하면 수요자는 공급자의 생각을 보고 자신이 원하는 결과물이 무엇인지 구체적으로 생각하게 되고, 그것을 수요자에게 조목조목 알려줄 수 있다.

그런데 수요자든 공급자든, 자신의 생각을 먼저 밝히는

것이 심리적으로 그리 쉽지만은 않은 일이다. 혹시 잘못 말해서 엉뚱한 신호를 줄까 봐 "일단 해보라."(수요자)고 하거나 "기준을 말해달라."(공급자)고 상대방에게 먼저 요구하는 것이 대부분이다. 그런데 일을 실행하는 공급자 입장에서는 반드시 일을 시작하기 전에 수요자의 생각을 알아야만 두 번 일하거나 엉뚱한 방향으로 일을 진행하지 않는다. 그런 의미에서 공급자는 일단 해보고 나서 말하기보다는 먼저 자신의 생각을 밝힌 후에 수요자의 의견을 듣는 것이 빠르다. 공급자의 생각을 먼저 밝혀야 비로소 수요자의 생각이 반응하기 때문이다.

직장에서 우리의 역할은

리더가 나에게 위임한 업무를

리더가 원하는 업무수행 결과물의 품질로

원하는 기한 내에 완수해내는 것이다.

2단계 : 성과목표 설정

성과목표란, 핵심과제 수행을 통해서 정해진 기간 내에 수요자가 기대하는 결과물의 기준을 객관적으로 표현해놓은 것이다. 수요자가 외부고객이라면, 우리 회사의 제품이나 서비스를 수요하는 사람이나 집단이 된다.

한편 수요자가 내부고객을 지칭할 때는 보통 일을 시킨 사람이나 조직 또는 조직의 상위리더를 말한다. 팀원에게는 팀장, 팀장에게는 본부장, 팀장이나 본부장에게는 CEO가 수요자인 것이다.

성과목표란 원하는 결과물의 구체적 기준과 상태

성과목표의 대상은 핵심과제가 아니라 핵심과제를 수행한 결과물이다. 또 성과목표의 달성여부는 실행자의 기준이 아니라 수요자의 기준을 따른다. 성과목표의 가장 중요한 기준은, 기대하는 결과물의 기준이 눈에 보일 듯 가시적(visible)이고 구체적이어야 한다는 것이다.

성과목표는 열심히 노력해서 달성될 수 있는 '예상결과치'가 아니다. 반드시 달성하고자 하는 '의지달성치'를 말한다. 성과목표는 일을 시작하기 전에 기대하는 구체적인 기준이다. 반드시 달성되었으면 하는 결과물, 이루어지기를 희망하는 결과물의 구체적인 기준과 상태를 말한다. 성과목표의 3대 요소는 다음과 같다.

1. 일정: 언제까지 끝내야 하는지 일정(delivery)이 명확해야 한다.
2. 수준: 일이 완료되었을 때 결과물의 수준(level)이 객관적으로 표현되어야 한다.
3. 상태: 달성된 결과물의 상태(status)가 세부내역의 형태로 구체적으로 묘사되어야 한다.

그리고 '목표'라고 해서 다 같은 목표가 아니다. 목표의 종류를 다음과 같이 나눠볼 수 있다.

성과목표와 실행목표

'성과목표'란 '목적목표'라고도 하는데 과제수행을 통해 목적한 대로 달성하기를 기대하는 목표를 말한다. '실행목표'는 과제수행을 위해 얼마나 열심히 노력할 것인지, 실행 행위를 얼마나 할 것인지를 수치화한 목표다. '실적목표'라고도 한다.

많은 사람이 성과목표와 실행목표를 종종 혼동하여 사용하는 경우가 많은데 그 이유는 목표의 대상 기준을 잘못 생각하기 때문이다. 목표의 대상이 되는 것은 과제가 아니라 결과물이어야 한다. 실행목표는 '방문건수 주 2회', '협의건수 5건', '보고서 작성건수 3건' 등과 같이 행위를 얼마나 할 것인지를 수치로 표현한다.

지향적 목표와 상태적 목표

목표를 구분할 때 성과목표와 실행목표를 잘 구분해서 활용하는 것도 중요하지만 지향적 목표와 상태적 목표의 개념 차이를 제대로 구분하는 것이 매우 중요하다.

'지향적 목표(goal)'란 단순히 과제수행을 통해 지향하는 방향이나 목적지를 가리킨다. '설비원가 개선', '전 분기 대비 매출액 10% 향상', '원가절감액 5억 원 달성', '신규거래처 발굴건수 3건' 등과 같이 목표가 수치화되었다고 하더라도 목표의 3대 요소 중에 상태가 구체적이지 않다.

'상태적 목표(objective)'란 과제수행을 통해 기대하는 결과물의 모습이 구체적으로 세부내역의 형태까지 묘사되어 눈에 보이는 목표를 말한다. '원가절감액 5억 원 달성'은 지향적 목표지만 원가절감액 5억 원이 마치 달성된 것처럼 구체적인 항목별로 '원재료비 1억 원, 설비수선비 5,000만 원, A제품 불량감소 금액 3억 원, 외주비 5,000만 원'과 같이 성과목표가 달성된 상태가 구체적으로 표현된 목표다.

'중장기 전략 보고서 작성'이 핵심과제라면, 성과목표를 상태적 목표로 어떻게 표현할 수 있을까? 중장기 전략 보고서 작성이 완료되었을 때 보고서의 세부목차와 반드시 포함되어야 할 내용이 구체적으로 어떻게 되기를 희망하는지를 쓰면 된다. 예를 들어 '1. 중장기 목표수준 2. 현재 수준과의 차이 3. 경쟁사 중장기 목표와 전략 비교분석 4. 중장기 전략 과제…' 등의 형태로 자세하게 작성한다.

과정목표와 최종목표

'최종목표'는 과제수행을 통해 달성될 최종결과물의 목표를 말한다. '과정목표'는 최종목표를 달성하기 위해 기간별로 과정결과물의 상태를 구체화하여 설정한 목표를 말한다. 연구개발과제나 최종목표를 달성하는 데 장기간이 필요한 과제의 경우 연간 · 분기 · 월간 단위로 기간별 과정목표를 상태적 목표로 설정한다.

성과목표는 과제수행의 결과물을 구체화한 것

　모든 업무의 목표를 객관적으로 표현할 수 있을까? 영업업무나 생산업무와 같이 1년 365일 업무활동이 이루어져 업무활동의 결과가 수치로 나타나는 경우라면 목표를 수치화하는 데 별 이견이 없다. 그러나 연구개발업무나 지원, 기획 관련 업무처럼 과제나 프로젝트 중심으로 업무가 진행되고 업무의 형태가 정성적인 경우에는 목표를 수치화하거나 객관적으로 설정하는 데 다들 난감해하고 어려워한다.

　그래서 정성적 목표, 정량적 목표라는 표현을 써가며 정성적인 목표의 경우에는 너무 억지로 목표를 수치화하거나 구체화하지 말고 지향적 목표의 형태로 설정하는 것이 좋다고 한다. 그런데 우리가 분명히 짚고 넘어가야 할 것은, 목표설정의 대상은 과제나 업무가 아니라 과제수행의 결과물, 업무수행의 결과물이라는 사실이다.

　과제를 목표화하는 것이 아니라 과제수행의 결과물을 구체화하고, 그렇게 구체화된 과제수행의 결과물을 객관적인 목표로 표현하는 것이다. 업무는 정성적인 업무와 정량적인 업무로 나눌 수 있을지 몰라도 업무수행의 결과물은 모두 구체적이고 객관적인 형태의 목표로 설정할 수 있다.

성과목표는 의사결정의 기준

과제수행의 결과물을 객관적인 목표로 설정해야 하는 이유
는 무엇일까? 이것은 왜 일을 하기 전에 성과목표를 구체적
으로 설정하고 일을 시작해야 하는지에 대한 이유와 맞닿
아 있다. 무슨 일을 하든, 어느 정도의 시간을 투여하든, 일
을 시작하기 전에는 반드시 일을 완료했을 때 기대하는 결
과물의 기준을 객관적인 성과목표의 형태로 구체화하는 것
이 필요하다. 왜냐하면 과제수행을 통해 기대하는 결과물
을 달성할 때까지 무엇을 어떻게 해야 하는지, 의사결정의
기준이 바로 성과목표이기 때문이다. 성과목표가 구체화되
면 될수록 달성전략을 타깃 지향적으로, 맞춤형으로 설정

할 수 있고 인과적인 실행관리를 할 수 있다.

왜 성과목표를 제대로 설정하지 못하는가?

무슨 일을 하든지 성과목표 설정이 중요하다는 것은 모두 공감할 것이다. 그런데 왜 여전히 많은 사람이 구체적으로 성과목표를 설정하지 못하는 걸까? 왜 여전히 과제와 일정을 목표라고 생각하거나, 성과목표를 지향적 목표(goal)를 설정하는 경우가 대부분일까?

성과목표를 '상태적 목표'로 구체화화지 못하는 가장 큰 이유는 크게 2가지다. 첫째는, 실행하고자 하는 과제에 대해 현황파악을 객관적으로 실시하지 않아서다. 과제에 대한 현황파악만 제대로 하면 대부분 상태적 목표로 구체화할 수 있다. 성과목표를 상태적 목표를 설정하지 못하는 두 번째 이유는, 상위조직의 리더나 일을 시킨 사람에게 목표에 대해 제대로 코칭받지 못해서다.

일을 시작하기 전에 실행하는 사람이 과제의 현황파악을 하고, 그것을 통해 객관적인 근거를 가지고 자신이 생각하는 성과목표의 초안을 설정해야 한다. 그 초안을 가지고 상위조직의 리더나 일을 시킨 사람에게 코칭받고 피드백을 받으면 성과목표를 제대로 설정할 수 있다.

목표는 미래, 고객, 리더로부터 부여된다

목표는 누가 설정하는 것일까? 일은 일을 하는 당사자가 가장 잘 알고 있으니, 목표도 담당자 스스로가 설정해야 현실성이 있고 실행 가능성도 높다고 말하는 사람들이 있다. 과연 그 말일 맞을까? 일에 대한 목표는 스스로 설정할 수가 없다. 왜냐하면 임원과 팀장, 팀장과 팀원의 관계에서 윗사람은 숲 전체를 보는 위치에 있고, 아랫사람은 숲속 나무의 위치에 있는 것으로 비유할 수 있는데, 나무 옆에서는 숲을 볼 수 없기 때문이다.

목표라고 하는 것은, 일주일 후나 한 달 후 혹은 1년 후와 같이 미래의 일정시점에 우리가 일을 통해서 얻기를 원하는 결과물의 기준을 객관화시켜놓은 것이다. 리더와 구성원의 가장 큰 역할 차이는 전체와 부분을 보는 시야의 차이다. 구성원들은 본인이 업무를 직접 실행하기 때문에 그 업무를 언제, 어떤 프로세스로, 어떤 규정에 따라 하면 되는지, 소위 실행절차와 방법에 대해서는 가장 잘 알고 있다. 그런데 자신의 역할은 조직 전체의 일을 놓고 보면 부분적이다. 자신의 부분적인 일이 성공적으로 실행되어 완성하고자 하는 최종결과물이 어떤 모습인지는 알기 어렵다. 그래서 리더가 있다.

구성원은 실행이 주특기이고, 리더는 숲을 보는 통찰력이 주특기다. 그러므로 리더는 구성원에게 일을 통해 달성해야 할 결과물이 무엇인지를 제시해야 한다. 그것이 바로 리더의 역할이다. 반면 리더가 원하는 성과목표를 달성하기 위한 방법을 고민하는 사람이자, 실행행위를 직접 하는 사람이 실무자다. 임원에게는 팀장이, 팀장에게는 팀원이 실무자다.

목표설정은 실행자가 아니라 리더가 한다

먼저 실무자가 스스로 목표를 세워보기도 하겠지만, 어디까지나 최종 의사결정은 리더가 하는 것이 맞다. 리더가 부여한 목표를 달성하기 위해 실무자가 전략과 방법을 고민하고 수립하는 것이다. 보통 리더와 구성원이 목표를 서로 합의하고 조율해야 한다고들 이야기하는데, 그것은 다분히 와전된 말이다. 목표의 3대 조건은 일정, 수준, 상태이다. 목표의 일정과 수준은 리더가 제시하는 것이고, 달성되어야 할 결과물의 상태에 대해서는 실무를 담당하는 실무자가 가장 잘 안다.

그리고 목표를 스스로 설정한다는 의미는 상태의 구체화에 한정된 말이다. 일정과 수준에 대한 의사결정권이 실무자에게 있다는 의미는 아니다. 애초에 목표란 합의의 대상이 아니다. 목표는 주어지는 것이고, 조직의 생존을 위해서 반드시 달성해야 하는 지상과제다. 합의하는 게 아니라 리더가 하위조직이나 구성원에게 부여하는 것이라는 뜻이다. 리더가 부여한 목표에 대해서 구성원들은 그 목표를 달성하기 위한 전략을 수립하여 합의하는 것이다.

단순히 일을 위한 일, 과제를 위한 과세실행이 아닌 성과를 잘 내기 위해서는 업무지시가 아니라 목표지시를 정확하게 해야 한다. 일을 통해 달성해야 할 성과목표를 일이 시작되기 전에 알려줘야 실무자는 성과목표에 맞추어 전략을 수립하고 실행하기 때문이다.

성과목표는 일의 목적을 지표화하고 목표 수준을 결정한

다. 그러므로 성과목표 설정은 실행자가 아니라 상위조직이나 리더가 해야 한다. 성과관리 업무를 담당하는 주관부서도 이를 해낼 수 없다. 왜냐하면 각 부서가 하고 있는 현업의 일을 속속들이 알 수 없기 때문이다. 일의 목적을 모르는 상태에서 성과지표가 맞는지 안 맞는지를 검증하려고 해도 할 수가 없는 것이다. 현업의 조직장이 우기면 그럴 수밖에 없겠다는 생각이 들 것이고, 그러면 검증 절차를 거쳐봐야 아무런 소용이 없다. 오히려 잘못된 것을 인정해주는 꼴이 되어버린다. 그러므로 오직 일을 관장하는 상위조직이 일의 목적을 가장 잘 알기 때문에 상위조직이나 리더가 성과목표를 부여해 주어야 한다. 그런데도 여전히 많은 조직에서 리더들은 업무일정관리 방식으로 하위조직이 지난주에 어떤 일을 했는지, 이번 주에 어떤 일을 할 것인지, 다음 주에 무슨 일을 할 것인지를 보고받고 지시하는 상황이다.

성과목표라고 하는 것은 달성전략이나 실행계획을 결정하는 중요한 근거가 된다. "왜 그렇게 일을 하려고 하는가?"에 대한 답을 주는 것이 성과목표다. 또 "어떤 기준으로 일을 해야 하는가?"에 대한 답이다. 그래서 성과목표는 반드시 리더가 결정해주어야 한다.

성과목표를 부여하는 것은 나무가 아닌 숲 전체를 보는 상위조직이어야 한다. 이것은 당연한 원칙이다. 그렇다면 그 상위조직의 목표는 누가 부여하는가? 계층을 따라 올라가면 결국 CEO가 부여하는가? 그렇기도 하지만 기본적인 메커니즘은 조직의 중장기 비전과 목표가 부여한다고 보는 것이 타당하다.

회사 차원에서 2022년 성과목표는 2025년의 중장기목표가 부여한다. 즉 현재 목표는 미래가 부여하는 것이다. 다시 말해 2025년 중장기 성과목표를 달성하기 위한 선행목표가 2022년의 성과목표가 된다. CEO가 얼마만큼 하자 말자 하고 결정할 사항이 아닌 것이다.

조직의 목표는 공간상으로 보면 상위조직, 시간상으로는 미래가 부여하는 것이 대원칙이다. 달성전략과 실행계획은 하위조직 그리고 현재 처한 상황을 고려한다. 상위조직은 목표를 톱다운으로 부여하고 하위조직은 달성전략과 실행계획(how-to)을 바텀업으로 제안하는 구조다. 목표를 부여한 리더가 달성전략을 수립한 하위 실행조직이나 실무자의 의견을 경청하고 기준과의 적합성을 검증해나가는 과정이 코칭이다.

KPI 결정하는 법

어떤 일을 통해서 일정 시간이 지난 후에 이루고자 하는 결과물의 이름을 KPI라고 한다. Key Performance Indicator의 약자로 해석해보면 '핵심성과지표'인데, 성과는 목적을 의미하므로 '핵심목적지표'로 볼 수도 있다. 업무프로세스 개선이라는 목적을 설정한다면, 납기를 단축하거나 원가를 절감하는 등 여러 방안을 실행해볼 수 있다. 그중에서도 "이번 업무프로세스 개선의 핵심목적은 원가절감이다."라고 정의했다고 치자.

이것은 곧 선택과 집중을 뜻한다. 예컨대 우리 사업본부에서 올해 해야 할 많은 일들 중에 4가지만 꼽는다고 생각해보자(선택). 첫째 유럽 딜러 영업 강화, 둘째 상품기획 업무프로세스 개선, 셋째 거래처 피드백역량 강화, 넷째 역할과 책임 중심의 수평적인 조직문화 구축을 핵심과제로 선택했다. 그렇다면 이 4가지 과제 중 상품기획 업무프로세스 개선을 통해 집중하고자 하는 핵심성과지표, 즉 KPI는 '매입 원가 절감액을 증대시키는 것'이 된다.

KPI에 대한 오해

흔히 KPI에 대한 잘못 생각하는 것이 있다. KPI를 핵심과제를 잘 수행하기 위해 가장 핵심적으로 관리해야 할 지표로 생각한다는 것이다. 예컨대 앞에서 말한 '상품기획 업무프로세스 개선'을 제대로 하기 위해서 무엇을 가장 집중직으로 관리해야 하는가를 고민하여 KPI를 선정하는 것이 잘못되었다는 말이다.

또는 '상품기획 업무프로세스 개선' 행위를 측정하는 기준을 KPI로 잘못 알고 있는 경우도 부지기수다. 그래서 프로세스 개선을 몇 건 했는지, 일정을 얼마나 단축했는지 등 실행행위를 성과로 측정하려는 것도 문제다. 2가지 모두 잘못된 경우다.

KPI는 과제수행을 통해서 일정 기간에 이루고자 하는 결과물의 기준이 무엇인가를 표현하는 것이다. 그래서 KPI는 '과제수행 목적지표'라고도 한다. 앞에서 예로 든 '상품기획 업무프로세스 개선'이라는 과제의 KPI는 이 과제를 통해서 연말까지 이루고자 하는 결과물(목적물)의 이름이 되어야 한다.

우리가 일을 하기 전에 항상 고민해야 할 것은 "내가 이 일을 통해서 6개월이나 1년이 지난 시점에 내놓아야 할 결과물"의 이름(KPI)을 알아야 한다는 것, 그리고 그것이 도달해야 하는 수준, 즉 수치목표를 정하는 것이다. 예컨대 상품기획 업무프로세스 개선이라는 과제를 부여받았다면 이를 통해서 일정 시점에 내놓아야 할 결과물의 명칭(KPI)은 '매입 원가 절감액'이고 도달해야 할 수치는 7,000만 원이 된다. 이 둘을 합하여 성과목표라고 한다. 여기서 가장 중요하게 고민해야 할 것이 KPI다.

이때 KPI는 업무수행을 통해서 도달해야 할 목적지를 명확하게 지칭하는 이정표 역할을 한다. 자신이 하는 일의 목적을 명확하게 객관화하지 못했을 때 어떤 일이 발생할지 한번 고민해볼 필요가 있다. 우리가 실행하는 모든 일은 나름대로 목적이 있다. 그런데 자기 자신조차 어떤 과제를 수행하면서 그 목적을 100% 이해하지 못한다거나 결과물이 무엇이라고 명확하게 이야기하지 못한다면 혹은 결과 달성 여부를 확인할 만한 객관적인 측정지표를 내놓지 못한다면 일을 하면서도 제대로 하고 있는지 자꾸만 의구심이 들 것이다. 그러면 일을 다 하고 나서도 뭔가 찝찝하다. 나름대로 열심히 하긴 했는데 이게 처음부터 의도한 결과물이 맞나 싶기 때문이다.

심각한 경우 결과물과 상관없는 일만 할 수도 있고, 더 안 좋은 경우는 일을 다 마치고 나서가 아니라 일을 실행하는 과정에서 무엇을 어떻게 실행해야 하는지 의사결정을 할 수가 없다는 것이다. 우리가 하고자 하는 모든 일은 최종적으로 달성하고자 하는 결과물을 위한 선행작업들이나. 그런데 이루고자 하는 그 최종의 결과물이 어떤 모습인지 제대로 알지 못한 채 막연하게 열심히 노력만 한다면, 과연 일을 통해 기대하는 결과물을 제대로 달성할 수 있을까? 마치 목적지가 정확히 어딘지, 스스로도 뭘 원하는지 모른 채 막연하게 "멋진 데, 맛있는 것"이라고 말하는 사람과 같다.

그런 점에서 실무자는 자신의 성과목표를 정할 때 객관적이고 측정이 가능한 변수로 표현해낼 수 있어야 한다. 그것이 가능하고 그러한 역량을 가지고 있다는 것은 자신과 조직의 성과목표가 서로 유기적으로 연결되어 있고 같은 목적지를 향해 매진하고 있다는 뜻이다. 이것은 어느 조직에서나 대단히 중요한 의미를 지닌다.

성과목표를 목적지표로 객관화하지 않고 추상적인 과제나 슬로건 형식으로 표현하게 되면 어떻게 될까? 실제로 그런 조직도 있다. 이런 경우 실행을 맡은 담당자들은 상위조직과 리더의 심중을 읽지 못하고 전혀 엉뚱한 방향으로 일을 진행하기 쉽다. 심지어 본인 스스로가 정한 성과목표의 아웃풋 이미지도 제대로 가늠하지 못할 수 있다.

만약 여러분이 아주 중요한 프로젝트를 진행하고 있다거나 재작업을 할 시간이 없는 촉박한 작업을 하고 있다면, 더더욱 이 부분을 꼼꼼히 체크해야 한다. 성과목표가 객관적인 측정지표의 형태로 사전에 정해져 있지 않을 경우, 특히 시간이 없거나 중요한 일일수록 실무자가 난처한 상황에 빠질 가능성도 매우 커진다.

특히 연구개발부서나 지원부서처럼 상대적으로 추상적이거나 정성적인 업무를 많이 하는 부서에 소속되어 있다면, 더더욱 업무수행을 통해 일정기간 내에 이루고자 하는 결과물이 어떤 모습이 되어야 하는지를 항상 고민해보아야 한다. 업무의 결과물을 객관적으로 측정할 수 있는 지표가 어떤 형태로 표현되어야 할지를 고민하라는 말이다.

예를 들어 연구개발업무의 경우, 그 일을 수행하는 담당자조차도 개발하고자 하는 기술의 완성된 상태와 조건 등이 흐릿하다. 함께 일하는 동료나 리더의 머릿속에도 개발하려는 최종 기술이 서로 다른 모습으로 존재할 가능성이 높다. 때문에 이런 경우에는 KPI를 '바람직하다', '틀리다' 등의 정성적 지표보다는, 구체적인 금액이나 건수, 수량, 비율 등과 같이 객관적으로 측정이 가능한 지표 형태로 표현해야 한다.

영업, 생산, 구매, 회계업무와 같이 1년 365일 연속적인 업무를 수행하는 조직에서는 성과목표를 KPI에 수치목표를 더한 형태로 표현할 수 있다. KPI의 형태에 따라 연간·반기·분기·월간·주간·일일 단위의 관리주기로 KPI 값을 산출할 수 있다. 그러나 마케팅·연구개발·신사업·기획·지원업무와 같이 과제형태의 업무를 불연속적으로 수행하는 조직에서는 성과목표를 설정할 때 KPI와 수치목표의 형태로 표현할 수 없다. 그리고 최종결과물에 대한 과정결과물의 성과목표를 설정할 때는 KPI와 수치목표의 형태로 표현하지 못하는 경우가 대부분이다.

이럴 경우에는 굳이 KPI를 고집하지 말고 과제수행을 통해 기대하는 결과물의 구체적인 내용을 나열해 객관적으로 인식이 가능하도록 성과목표를 설정하면 된다. 과제를 수행하기 전에 성과목표를 설정하는 가장 큰 이유는, 성과목표를 달성하기 위한 달성전략과 예상리스크요인을 도출하기 위한 것이다.

한 가지 더 유념해야 할 사항이 있다. KPI는 여러분이 하고자 하는 일의 목적에 대해 "이러한 기준에 맞게 세부적인 일을 하면 되겠다."는 판단을 할 수 있도록 '사전 직무수행 기준', '전략수행 기준'의 역할을 충실히 감당할 수 있는 것이어야 한다.

KPI로 설정할 수 없는 3가지

첫째, 일정지표는 KPI로 설정할 수 없다. 일정준수는 실행지표이지 과제수행의 목적달성 여부를 판단할 수 있는 성과지표는 아니다. KPI는 원하는 결과물의 품질기준이다.

둘째, 과제형태, 실적지표, 실행지표는 KPI가 될 수 없다. 과제를 KPI로 설정하면 과제수행 여부를 판단하는 기준이지 과제수행의 목적을 측정할 수 없다. 실적지표나 실행지표는 과제수행행위를 얼마나 열심히 했는지 노력을 지표와 수치로 표현한 것이기 때문에 과제수행의 목적달성 여부를 측정할 수 없다.

셋째, 사후판단지표를 KPI로 설정할 수 없다. 사후판단지표란 과제를 수행하고 나서 과제수행을 잘했는지 못했는지 판단하는 지표를 말한다. KPI는 과제수행을 할 때 사전에 어떤 기준으로 과제를 수행해야 하는지 가이드 역할을 담당하기 때문에 '현업 만족도'와 같은 만족도 지표는 사전 직무수행 기준으로 활용할 수 없다.

성과목표의 적정 수준은
어떻게 판단하나?

도전적인 목표수준이란, 상위조직과 합의한 결과물의 기준보다 상징적으로 120% 수준의 목표를 말하는데 목표의 특성에 따라 그 기준은 모두 다 다르다. 영업이나 생산, 구매와 같은 업무의 경우 그리고 실행지표성격의 일정준수를 목표로 설정할 경우에는 도전적인 목표의 의미가 있는데 과제수행의 결과물의 기준을 목표로 설정해야 할 경우에는 도전적인 목표의 성격이 달라져야 한다.

도전적인 수준의 목표를 지향한다

그렇다면 목표의 수준은 어떻게 정해야 할까? 도전적인 수준으로 목표를 정할 때, 만약 핵심성과지표가 새롭게 개발된 탓에 과거의 성과 데이터가 없다면, 시행 후 최초 3개월 또는 6개월의 성과를 1년 단위로 환산하여 기준치로 설정하거나, 동종의 유사 기관에서 최고 수준으로 인정받는 성과목표 수준을 참고로 정하면 된다.

아울러 목표수준을 설정할 때 가장 기본이 되는 원칙은, "달성 가능하고 실현 가능하도록 도전적인 목표 수준을 결정해야 한다."는 것이다. 도전적인 수준의 목표를 설정해야 하는 3가지 이유는 다음과 같다.

1. 역량 대비 120% 목표에는 플랜B가 준비되어 있다

첫째, 목표수준을 자신의 역량 대비 120% 정도로 잡는 것이 좋다. 이러한 도전적인 수준으로 목표를 설정해야 조직과 개인의 목표달성 가능성이 높아진다. 흔히 80의 목표는 100% 달성해도 결과가 80이지만, 120이라는 목표는 80%만 달성해도 96을 얻을 수 있다고 하지 않는가? 120% 수준의 목표를 설정한다는 것은, 사실 플랜B에 대한 개념이 이미 성과목표에 포함되어 있다는 의미다. 그리고 무조건적이거나 일방적으로 정한 도전목표는 자칫 실행도 하기 전에 구성원들을 포기하게 만들 가능성이 높다. 그래서 그냥 무턱대고 120%의 목표를 요구할 것이 아니라 배경설명을 충분히 하고 목표달성을 가능하게 해줄 구체적인 전략과 방법을 근거로 들어야 한다. 목표를 부여하는 리더와 실행하는 구성원이 함께 납득할 수 있는 코칭과 토론이 이루어져야만 구성원들은 도전정신과 책임의식을 가질 수 있고, 이는 유용한 동기부여 방책이 될 것이다.

2. 어떤 발전이 있었는지 자문해볼 수 있다

둘째, 도전적인 목표수준을 설정함으로써 개인들은 자신의 역량을 개발할 절호의 기회를 얻을 수 있다. 대개 연간 목표 수준을 지난 1년 또는 3년 성과의 평균치 정도로 보수적으로 설정하는 경우가 많은데, 그럴 때 과연 본인에게 어떤 발전이 있었는지 자문해볼 일이다.

잘해보겠다는 의지 대신 '대충해도 되겠네' 하는 적당주의가 엄습하지 않았던가? 평소와 비슷한 목표라면 기존의 일하는 방식을 혁신할 생각도, 새로운 방법을 창의적으로 적용할 마음도 전혀 생기지 않는다. 외부 자극이 없는데 혼자서 변화의 의지를 활활 불태우기란 결코 쉽지 않기 때문이다. 사원이든 CEO든, 급변하는 경영환경에 대응할 역량을 쌓기 위해서는 스스로를 벼랑 끝에 세워야 한다. 그래야 역량을 개발하고자 하는 욕구와 의지가 생긴다.

3. 중장기 성과를 위해 지속적으로 조금씩

셋째, 개인이든 조직이든 발전하려면 미래를 위한 투자를 계속해야 한다. 그러려면 단기목표만 겨우 채울 것이 아니라 미래를 위해 투자할 여력을 확보해둬야 한다. 따라서 하루 벌어 하루 먹고사는 빠듯한 수준을 넘어 내일을 고민할 여유를 만들려면, 도전적인 수준의 목표를 세워 허덕허덕한 현재 상태에서 한 계단 올라서야 한다. 내년에 당장 성과를 내야 하는 과제도 중요하지만 각자가 맡은 임무와 역할을 고려했을 때 지금 당장 성과를 내기 어렵지만 중장기 성과를 위해 지속적으로 조금씩 실행해 나가야 하는 선행과제를 도전과제로 설정하고 단기과제와 함께 균형적으로 실행해 나가야 한다.

성과목표의 적정성을 결정하는 기준

그렇다면 목표가 적절한 수준인지 아닌지를 판단할 기준은 무엇으로 잡아야 할까? 목표의 적절성은 반드시 달성하고자 하는 상태적 성과목표 수준과 인과적 성과목표 달성전략, 실행방법과의 적합성 여부를 가지고 판단해야 한다. '평균의 논리'에 빠져 목표를 지나치게 과거 실적만을 기준으로 정하는 경우도 많다. 이처럼 보수적으로 하향설정하는 것은 조직의 성과창출이나 개인의 역량개발과 성장에 결코 바람직하지 못하다. 그보다는 상위조직으로부터 부여받은 성과목표의 상태적 목표(objective)와 그 상태적 목표를 달성하기 위한 달성전략을 근거로 목표 수준의 적절성에 대한 논의를 진행하는 것이 바람직하다.

사람들은 대부분 목표의 수준 자체를 놓고 '적당하다', '무리다'라고 하는데 이것은 대체로 근거가 거의 없는 불안감을 직관적으로 표현한 것뿐이다. 목표의 수준이 합리적인지 판단하려면 먼저 2가지를 살펴볼 필요가 있다. 첫째는, 그 목표를 달성할 주체가 기대하는 구체적인 '상태적 목표'다. 둘째는 목표달성을 위해 어떤 전략과 방법을 사용할 것인지, 특히 전략을 실행하기 위해 어느 정도의 예산과 인력이 필요한지다. 이 2가지를 먼저 구체적으로 산정해보면 목표의 수준이 어떠한지도 판단할 수 있다.

역량이나 활용할 수 있는 가용자원의 범위를 감안한 성과목표 달성전략을 짜보고, 이를 근거로 목표수준을 조정하거나 아니면 상위리더에게 실행을 위한 구체적인 지원요청 사항을 이야기해보는 것이 바람직하다.

성과목표조감도 작성하는 법

목표가 정해지면 얼른 목표를 달성하고 싶다는 강한 열망이 생긴다. 그리고 뭐라도 빨리 실행하고 싶어진다. 그런데 막상 실행하려고 하면 막막해진다. '어디서부터 해야 하나?', '뭘 어떻게 시작해야 하지?' 하는 고민에 빠져든다. 성과목표를 구성하고 있는 세부구성요소나 세부내역에 대한 정보가 전혀 없다 보니 실행에 문제가 생기기 시작한 것이다. 이 순간부터 사람들은 목표와 전혀 관련 없는 일을 하나둘씩 시작하게 되고, 나름대로 열심히 일하지만 끝내 목표를 달성하지 못하게 된다.

성과목표란 눈에 보이는 목적 결과물

목표는 '원하는 목적 결과물인 성과를 객관적인 형태로 표현해놓은 상태'다. 이는 '눈으로 볼 수 있는 목적 결과물(visible objective)'로, 곧 '미래에 대한 기억'이다. 미래가 궁금하다면 목표를 구체화하는 것이 가장 중요한 핵심이다. 바로 이 점 때문에, 일을 잘하는 사람들은 자신이 책임져야 할 목표를 손에 잡힐 듯, 눈에 보일 듯, 가시적으로 설정한다. 그뿐 아니라 그 목표를 구성하는 세부내역 또한 구체적으로 작성한다. 결과물이 완성된 듯이 생생하게 조감도화해본다는 의미에서 이를 '성과목표조감도'라 부른다. 성과목표조감도는 의사결정의 기준역할을 한다. 성과목표조감도는 일을 진행하기 전에, 성과목표가 달성되었을 때의 상태인 '투 비 이미지to be image'를 그려봄으로써, 마치 건물의 조감도처럼 목표가 달성된 상태의 세부구성요소를 구체적으로 나열하는 작업이다.

눈에 보이는 객관화된 목표로 표현한 조감도는 성과목표 달성여부를 판가름할 수 있는 예측성을 높여준다. 또한 객관적인 현상과 타깃에 대한 분석을 바탕으로 조감도를 작성하다 보면 앞으로 벌어질 예상리스크요인에 대한 고민도

하게 되고, 목표를 달성하는 데 필요한 역량과 능력이 자신에게 충분히 준비되어 있는지 돌아볼 수 있다. 혹시 자신이 가진 시간과 자원이 부족하지는 않은지, 만약 그렇다면 도움을 청할 사람이 있는지도 미리 고민할 수 있다.

성과목표조감도는 일하는 방식을 근본적으로 바꾼다

성과목표조감도를 제대로 작성한 사람은 자신이 이루어내야 할 결과물을 객관화한 목표가 무엇인지, 그리고 이 목표가 조직의 목표와 이익에 어떻게 연계되고 있는지 끊임없이 질문을 던진다. 그러한 질문에 자문자답하며 혹은 리더와 동료에게 의견을 구하며 조직의 궁극적인 목표를 이해하고 일하는 방식을 개선해 나간다. 그래서 어떤 일을 맡아도 좋은 성과를 낼 수 있다.

성과목표의 달성 가능성과 실현 가능성은 성과목표조감도를 얼마나 구체적으로 작성해보았느냐가 결정한다. 특히 조감도가 빛을 발하는 순간은 성과목표조감도의 구성요소 중 변동요소에 대한 달성전략을 수립할 때다. 규정이나 매뉴얼, 지침대로 실행하면 원하는 결과물을 어느 정도 달성할 수 있는 고정요소와는 달리 변동요소는 달성하기 어려워 방법도 바꾸고 투입해야 할 자원과 역량이 많을 것으로 예상된다. 이러한 변동요소 목표를 달성하기 위해 변동요소와 관련된 현재 상황을 객관적으로 분석해야 한다. 그러려면 변동요소의 세부구성요소를 좀 더 데이터 중심으로 나누어 살펴보고, 수요자의 요구사항을 디테일하게 조사할 필요가 있다. 이때 성과목표조감도에 포함된 변동요소에 대한 기준이 분석과 전략수립의 기준역할을 한다.

성과목표조감도란 성과목표가 달성되었을 때 기대하는 결과물의 모습을 세부구성요소의 형태로 구체화해놓은 것이다. 마치 건축물의 조감도처럼 세세하게 그려진 상태다. 조감도란 개념은 성과의 영어표현인 performance의 음절을 해석하여 만든 개념이다. 앞에서도 설명했지만 performance의 음절을 나눠보면 per가 기준, form이 완성된 형태, 접미사인 ance가 상태나 행동을 뜻한다. 이 3개의 음절을 합쳐서 직역을 해보면 '완성된 형태의 기준 상태'라는 의미다. 한자어로 표현해 보면 '조감도'와 같다. 그런 의미에서 성과목표조감도는 상태적 목표(objective)와 같은 의미를 가진다.

현장데이터를 객관적으로 분석한다

현장을 정확하게 파악하기 위해서는 크게 2가지 측면에서 현장데이터를 모으고 분석해야 한다. 첫째, 달성해야 할 성과목표와 관련하여 과거에 어떤 요인들이 성과를 달성하는 데 결정인 요인이었는지를 확인하는 것이 필요하다. 제품별, 지역별, 제공 서비스별 등 다양한 기준으로 기존 성과를 확인하고, 그중에서 성과를 창출하는 데 결정적인 영향을 미쳤던 요인이 무엇이었는지를 찾아내는 것이 관건이다. 지난해 성과가 좋았다면 어떤 타깃을 집중공략하여 성과를 달성했는지 이유를 찾아낼 수 있을 것이고, 아울러 사업을 운영하는 데 있어서 어떤 특정 타깃에 문제가 있었는지 분석을 해봐야 다음번 성과목표의 세부 타깃을 정할 때 도움이 된다.

특히나 지난해 성과달성 과정에서 고객의 요구사항, 불만사항 등을 우선순위에 따라 정리해 보는 것이 중요하다. 그러기 위해서는 당연히 고객 접점에 있는 실무자들의 의견을 반드시 경청해야 하며, 이를 참조해서 다음 성과목표 달성을 위해 공략해야 할 타깃의 우선순위를 결정해야 한다.

둘째, 다음 성과목표 달성을 위해 내외부환경의 어떤 리스크요인들이 목표달성에 직접적인 영향을 구체적으로 미칠지 조사해보는 것이 필요하다. 성과목표 달성에 영향을 미칠 조직 외부환경의 동향이 어떤지를 분석함과 동시에 조직 내부역량요인도 함께 점검해야 한다. 내외부상황을 정확히 알아야 성과목표 달성에 어떤 유리함과 불리함이 있을지 예측할 수 있다.

물론 데이터가 모든 것을 결정하는 것은 아니다. 그럴 수도 없다. 하지만 적어도 성과목표를 정하고 이를 달성하기 위한 전략을 제대로 수립하기 위해서는, 해당 성과목표와 관련된 여러 데이터들을 찾아보고 고객 만족 측면에서 그 의미를 해석해보아야 한다. 그 해석의 결과를 바탕으로 성과목표가 제대로 조준되었다는 당위성을 확보해내는 것이 첫 출발점이 된다.

성과목표의 구성요소를 세분화한다

성과목표조감도를 만들어본다는 의미는, 성과목표를 구성하고 있는 항목, 즉 세부구성요소들을 찾아내서 어떤 대상항목을 집중적으로 공략해야 전체 성과목표가 달성 가능

할지 시뮬레이션 해보는 것이다. 마치 집을 짓기 전에 설계도면을 바탕으로 완성된 집의 입체적인 조감도를 그려보는 것처럼 말이다. 집을 다 지었을 때 어떤 모습일지를 미리 보는 것이다.

따라서 자신이 달성해야 할 성과목표를 구체적인 '조감도'로 나타내 본다는 것은 다음의 2가지 측면에서 대단히 중요하다. 하나는 일을 통해 얻고자 하는 결과물의 구체적인 '구성요소'가 무엇인지 정확하게 알고 있다는 것이며, 다른 하나는 고객에게 제공하고자 하는 '가치'가 무엇인지 미리 파악해 볼 수 있다는 점이다.

특히 조감도를 그릴 때는 그저 집 짓는 순서를 나열하는 데 그쳐서는 안 된다. 집 짓는 순서를 나열하는 것은 실행계획에 해당한다. 집을 잘 짓기 위해서는 기초공사를 어떻게 해야 하는지, 1층을 올릴 때 주의할 점은 무엇인지, 외벽공사는 어떻게 해야 하는지, 내부 인테리어는 어떻게 할지, 준공검사는 어떻게 해야 하는지 등을 구체적으로 파악하고 계획해야 한다. 성과목표조감도를 작성할 때도 마찬가지다.

잘 그린 조감도는, 실제로 집이 완성되었을 때 희망하는 모습을 구체화해서 구성요소까지 최대한 자세하게 표현되어 있다. 예를 들어 1층에는 주방, 거실, 작은 방 1개, 화장실, 샤워실이 들어가고 2층에는 큰 방 2개, 화장실, 작은 다목적실이 있고, 3층에는 다락방이 위치하는 등 집을 다 지었을 때의 구체적인 모습을 명확하게 그려야 한다.

다시 한번 강조하지만, 성과목표를 '조감도화한다'는 것의 의미는 성과목표가 달성된 상태의 구성요소를 세밀하게 디자인해본다는 것이다. 그리고 우리가 지향해야 하는 '성과관리'란 결국 업무수행을 통해 어느 시점에 달성하고자 하는 결과물의 이미지를 얼마나 구체적으로 구현해 내는가에 성패가 달려 있다고 해도 과언이 아니다. 만약 여러분이 달성하고자 하는 결과물의 모습이 그냥 '매출액 5억 원, 제조원가 절감액 8,000만 원, 신규 거래처 20곳'같이 단순히 수치목표의 형태로만 표현되어 있고, 수치목표가 달성된 구체적인 모습이 그려지지 않는다면 목적의식, 목표의식이 희박해질 수밖에 없다.

우리가 여태껏 습관처럼 해오고 있는 소위 '업무관리'란 마치 집 짓는 순서처럼 목표달성을 위해 일정별로 당연히 해야 할 일들을 언제까지 어떻게 하겠다고 적어놓는, 소위 업무추진계획의 한 형태일 뿐이다. 우리가 원하는 성과를 제대로 창출하기 위해서는 업무일정관리 방식이 아니라 성과관리 방식으로 일을 해야 한다. 그렇게 해야만 의도한 성과목표를 달성할 가능성이 높아진다.

자신이 달성하고자 하는 성과목표에 대한 조감도를 제대로 구체적으로 구상하지 않고 무턱대고 실행으로 옮기는 것은, 마치 건물을 지을 때 설계도면이나 조감도 없이 경험이나 느낌으로 지어나가는 것과 다를 바 없다. 처음에는 바빠 보이고 뭔가 열심히 하는 것처럼 보이지만, 일을 하다 보면 어떤 층, 어떤 부분에 시간을 더 들여야 하는지 혹은 어떤 난관이 있을지를 몰라 헤매거나 잘못 만들고 만다. 이런 식으로 일을 해서는 제대로 된 결과물이 나올 리 없다. 애초에 자신이 원했던 외관도 아닐 것이고, 튼튼한 내구성을 지니지도 못할 것이다.

최소한 자신의 성과목표와 이를 구성하고 있는 세부적인 요소들에 대해 사람들 앞에서 20~30분 정도는 충분히 설명할 수 있고 핵심적인 타깃이 무엇인지를 논의할 수 있을 만큼의 스토리를 갖고 있어야 한다. 그래야만 자신이 원하는 성과목표를 제대로 달성할 수 있다.

이루고자 하는 결과물을 시각적으로 묘사한다

'고객조감도'를 그려보면 고객을 좀 더 깊이 이해할 수 있다. 또한 고객조감도는 성과목표조감도를 구체화할 때 명확한 방향을 알려주고, 세부구성요소별(혹은 고객별)로 제공해야 하는 가치가 무엇인지, 어떻게 공략할지를 설계하는 데도 도움을 준다.

여러분은 여러분이 달성해야 할 성과목표를 확실히 공략할 수 있는가? 이 질문에 대해 여러분이 제시한 답이 타당한지 어떻게 판단할 수 있을까? 여러분이 세운 성과목표와 관련된 과거의 성과 데이터만으로는 불충분하다. 성과목표를 구성하고 있는 핵심타깃, 즉 구성요소들이 과연 어떤 속성과 특징을 가지고 있는지를 세밀하게 묘사해 보는 것이 필요하다. 이런 과정을 거치다 보면 성과목표 달성을 향한 자신감까지도 충만해질 수 있다.

어떤 타깃을 대상으로 무슨 가치를 제공해야 할지 모른 채 성과목표조감도를 디자인할 수는 없다. 조감도를 그렸다 하더라도 탁상공론일 뿐이다. 특히 성과목표조감도 안에서 타깃 고객을 묘사할 때는 여러분 자신에게 의미 있고 공략 가능한 속성이 무엇일지를 먼저 나눠보고, 각각에 대해 생각해보는 것이 중요하다. 그러기 위해서는 실행하는 사람이 직접 현장에 가서 타깃 고객들이 어떻게 행동하는지를 파악하는 것이 대단히 유용하다.

성과목표조감도를 구성하고 있는 타깃에 대한 확신을 갖게 되는 순간, 다양한 아이디어가 떠오를 것이다. 그러한 과정을 거치면 비로소 성과목표조감도의 세부구성요소가 정확하게 조준되었다고 볼 수 있다.

고객 접점의 실무자라면 업무수행을 위해 만나는 주요 고객을 제대로 파악하고 이를 생생하게 그려보는 것이 중요하다. 목표달성 전략을 잘 세우도록 하는 것 못지않게, 전체적인 업무환경이나 조직 차원에서 고객을 잘 관찰하고 상세화할 수 있는 환경을 만들어주는 노력이 필요하다. 아울러 현장에 많은 재량권을 주어 실무자 개개인이 고객만족을 위한 노력을 기울일 수 있게 해주어야 한다.

단순한 데이터로 고객을 구분할 것이 아니라 현장에서 고객을 관찰하고 이를 바탕으로 성과목표조감도를 디자인해야 훨씬 실질적인 목표의식이 생기고 결과도 좋을 수밖에 없다.

성과목표조감도는 일을 진행하기 전에,
성과목표가 달성되었을 때의 상태인
'투 비 이미지to be image'를 그려봄으로써,
마치 건물의 조감도처럼 목표가 달성된 상태의
세부구성요소를 구체적으로 나열하는 작업이다.

3단계 : 성과목표 달성전략 수립

게임이나 스포츠에서 '전략'이란 상대방을 이기기 위한 방법이기도 하지만 일종의 '재미' 요소이기도 하다. 그러나 일터라는 공간에서 '전략'은 꽤나 어렵고 무거운 문제로 다가온다. 대개 '전략을 세운다'라고 하는 것은 전략에 대해 심도 있게 공부한 사람만 할 수 있는 일종의 경영기술로 생각하기 때문이다. 또는 중장기 전략 · 사업전략 · 경쟁전략 등 거시적인 측면의 전략을 연관 지으면서 경영진과 전략기획 부서에만 필요한 역량이라고 여기기도 한다. 물론 이러한 전략도 전략에 대한 한 가지 측면이다. 하지만 이는 회사와 사업부 차원에서 중장기적으로 고민할 문제다.

전략은 선택과 집중의 기준

새로운 상품을 출시할 때, 공장에서 제품을 불량 없이 생산해낼 때, 그리고 보고서를 준비하거나 신제품 기획안을 작성할 때도, 각각의 목표를 달성하기 위해 공략할 대상과 공략방법을 기획하는 과정에는 '전략'이 적용된다.

팀이나 개인은 업무를 실행하는 차원에서 연간이나 분기, 월간 단위로 상위조직에서 주어진 과제의 목표를 달성하기 위한 전략을 고민해야 한다. 개인과 팀 차원에서의 전략은 목표를 달성하기 위한 '선택과 집중'의 대상을 결정하고 공략하기 위한 방법을 수립하는 것이다.

전략이란 목표 수준과 현재 수준의 차이(gap)를 객관적인 문제로 규명하고 문제해결을 위한 대상(target)을 선택하고 대상별 공략방법을 수립하는 것이다. 사람들은 대부분 전략을 나아가야 할 방향, 경영방침이나 실행지침과 혼동한다. 액션플랜, 실행계획, 추진계획과도 잘 구별하지 못한다.

전략이란 자원배분의 기준이고 목표와 현장의 연결기준이다. 전략이 있다는 것은 '정해진 기간 내에 한정된 자원을 어떤 과제에 우선적으로 배분해야 하는지' 객관적으로 의사결정할 수 있다는 뜻이다.

또 전략이 있다는 것은, 현재 현장의 상황을 객관적으로 인식하고, 미래에 기대하는 결과물을 구체적으로 알고 있으며, 그와 인과적으로 작용하는 선택과 집중해야 할 공략 타깃을 찾았다는 것을 의미한다. 결과적으로 전략이 있다는 것은 가치 지향적으로 사고한다는 증거다. 전략은 원하는 결과물의 가치를 창출하기 위한 방법이다. '가치창출'이란 결과물의 품질을 높이고, 결과물을 달성하는 데 드는 원가를 절감하고, 납기를 단축하는 것이다.

반대로 전략이 없다는 것은 과제 중심으로, 경험적으로 일한다는 것이다. 전략이 없으면 일을 하는 과정에서 해야 할 일, 즉 우선과제를 결정할 수 없다. 그러면 일이 잘못되었을 때 결과론적인 후회를 하게 된다. '사후약방문'이 될 수밖에 없다. 전략적으로 일한다는 것은 고객 중심으로 일한다는 것이다. 전략은 고객이 원하는 결과물을 창출하고, 고객을 만족시키기 위한 방법이다. 고객은 여러분이 한 일의 결과물에 대해 가치판단을 하는 사람이다.

전략적으로 일한다는 것은, 목표 중심으로 일한다는 것이고 가치 중심으로 일한다는 것이고 원가 중심으로 일한다는 것이다. 전략이 있다는 것은 원가의식이 있다는 것과 같은 말이다. 원가의식이 있다는 것은 '선택과 집중'의 개념을 일에 적용한다는 뜻이다.

또 전략적으로 행동하라는 것은 '중요한 것부터 먼저 하라'는 의미와 같다. 그런데 무엇이 중요하고, 무엇이 소중한지 구분하려 해도 하고자 하는 일의 목표 수준과 현재 수준을 모르면 구분할 수가 없다. 아무리 해당 업무에 대한 경험과 지식이 풍부해도, 현장의 현상과 목표 수준을 객관적으로 인식하지 못하면 전략을 제대로 수립할 수 없고 전략적으로 실행할 수 없다.

다시 말하지만, 전략적으로 일한다는 것은 목표 중심으로 일한다는 것이다. 목표란 수요자가 원하는 결과물의 기준을 객관적으로 표현해놓은 상태다. 목표는 방향이나 예상 결과치가 아니라 반드시 이루고자 하는 결과물의 객관적인 상태를 말한다. 목표가 있다는 것은 과제나 목표의 현재 수준을 객관적으로 인식하고 있다는 근거다. 전략은 목표와 인과관계이고 계획은 결과와 상관관계다.

계획한 대로 일하는 것은 좋은 결과를 예상하는 것이고, 기획한 대로 일하는 것은 원하는 결과를 의도하는 것이다. 기획(planning)은 목표와 전략과 자원을 결정하는 것이고 계획(plan)은 일정별로 해야 할 일의 순서를 결정하는 것이다.

성과목표 달성전략의 핵심

성과목표 달성전략의 핵심은 2가지다. 첫째는 최종 성과목표를 달성하기 위한 기간별 선행과제를 도출하여 실행하는 것, 둘째는 예상리스크요인을 사전에, 최소 소요시간 이전에 헤징하는 것이다. 최종 성과목표를 달성하기 위해서는 전체기간 중 초반 30% 이내에 전체 성과의 70%를 확정해야 한다.

가령 올해 성과목표는 1/4분기 이내에 전체 목표의 70%

이상을 확정해야 한다. 마찬가지로 상반기 성과목표는 2개월 이내에 70% 이상 확정해야 한다. 7~8월 중에 하반기 목표의 70%를 확정하고 통제 불가능한 요소에 대해서는 플랜B를 가동해야 한다. 성과목표를 달성하지 못하는 조직이나 사람들은 늘 그렇듯이 전체기간 중 초중반까지 여유를 부리다가 30% 남은 종반에 몰아서 하려 한다.

이처럼 성과목표 달성에 실패하는 사람은 기간별 과정목표를 월간, 주간, 일일 단위로 제대로 캐스케이딩하지 못해서 그렇다. 최종목표와 과정목표, 월간목표와 주간목표의 인과적 연계성을 전략적으로 실천하지 못하고 눈앞의 긴급한 일에만 몰두하는 경우가 많다.

한마디로 선행과제를 기간별로 사전에 도출하여 실행하지 않고, 최종목표를 그대로 둔 채 눈앞에 닥친 당면과제만 해결하는 데 자원과 역량을 집중한 것이다. 그러다 보니 정작 중요한 선행과제를 미리 실행하는 데는 소홀하게 된다.

이러한 문제를 해결하기 위해서는 어떻게 해야 할까? 먼저 임원, 팀장과 같은 상위리더들은 가급적 당면과제, 당기과제에 대해 델리게이션을 통해 하위 실무조직이나 실무자들에게 권한위임을 해야 한다. 그리고 리더일수록 선행과제를 실행하는 데 집중해야 한다. 개인들도 주간 성과기획서나 월간 성과기획서의 맨 위에 선행과제란을 따로 구분해두고, 어떤 최종목표를 달성하기 위한 선행과제인지를 표시하고 실행하는 것이 필요하다.

성과목표를 달성하는 데 리스크로 작용할 수 있는 요인들은 가급적 초반에 도출해서 해소방안을 마련해야 한다. 물론 그러한 해소방안을 실행해도 단번에 제거되지는 않는다. 그래서 초반에 여유를 부리다가 막판에 열심히 해봐야 원하는 대로 성과가 나오지는 않는다는 것이다.

성과목표를 달성하기 위한 전략은 항상 고정요소와 변동요소로 구분해서 접근한다. 초반 30%의 기간에 70~90%의 고정요소 목표를 확정하고 나머지 기간에는 10~30%의 변동요소 목표를 공략하는 데 역량과 자원을 집중해야 한다.

성과를 내는 사람들은 선택하고 집중한다. 선택과 집중의 기준은 목표가 결정한다. 성과를 내는 사람들은 통제 불가능한 리스크요인을 통제 가능하도록 전환시킨다. 리스크를 도출하는 기준은 전략이 결정한다. 리스크를 통제 가능하도록 전환시키려면 선행작업에 자원과 역량이 얼마나, 어떻게 투입할지가 관건이다. 목표와 전략이 명확하지 않으면 자원을 선택하고 집중해서 배분할 수 없고 리스크도 예방할 수 없다. 당연히 원하는 성과를 창출할 수 없다.

지침과 전략의 차이

실행지침이나 경영방침을 목표달성 전략과 혼동하는 경우가 많다. 지침이란 과제를 수행하거나 목표를 달성할 때 지켜야 할 가치판단의 기준이다. 전략이란 원하는 결과물을 얻기 위한 실행전략이나 방법이다. 전략의 기준은 과제 수행을 통해 기대하는 결과물이다. 전략이란 원하는 결과물을 얻기 위해 기대하는 결과물의 세부구성요소별 타깃 공략방법을 말한다. 공략할 타깃이 구체적이지 않다면 그것은 전략이 아니다.

흔히 말하는 '전략'은, 공략할 타깃이 전제되지 않은 상태에서 실행할 때 지키거나 명심해야 할 지침이나 방침, 방향을 가리키는 경우가 많다. 간혹 실행계획을 전략이라고 하는 경우도 드물지 않게 찾아볼 수 있다.

시장에서는 누구에게(whom) 어떤 제품이나 서비스(what)를 어떤 방법으로(how to) 팔 것인가가 핵심의제다. 시장에서 굳이 상품을 판매하는 일이 아니더라도 직장에서 일하는 사람들은 언제까지 어떤 일을 해서 수요자(대부분 상위리더)가 원하는 결과물을 만들어야 한다. 이때 전략이라고 하면 정해진 기간 내에 기대하는 결과물의 세부구성요소를 구체화하고, 그에 따른 세부구성요소별 결과달성 방법을 말한다. 액션플랜이나 실행계획 혹은 업무추진계획과 전략을 구분할 필요가 있다.

쉽게 말해 전략이란 결과물 중심의 사고이고, 결과물 중심의 사고란 수요자 중심의 사고다. 지침은 과제 중심의 사고이고, 과제 중심의 사고란 공급자 중심의 사고다.

왜 전략이 필요한가?

전략이 잘 세워져 있으면 자신감이 생긴다. 실행하고 싶게 만드는, 열망하게 만드는, 도전하고 싶게 만드는 비밀은 바로 '타깃팅targeting'에 숨어 있다. 그래서 전략수립은 곧 타깃팅이라고 해도 과언이 아니다. 목표를 달성하는 데 결정적인 영향을 미치는 '타깃'을 선택하고, 공략하기 위한 방법을 수립하는 것이 바로 전략이다.

전략은 한정된 자원에 필요하다. 해야 할 일은 많고 시간은 정해져 있다. 또 능력과 역량은 욕심만큼 쉽사리 향상되지 않아 답답하다. 누구나 일을 하면서 느끼는 한계요소다. 정해진 기간 내에 상위조직에서 원하는 역할과 책임을 완수하기 위해서는 일의 우선순위를 성과목표 중심으로, 인과적으로 설정해야 한다. 과제별이든 기간별이든 목표 수준과 현재 수준의 차이를 문제로 규명하고 문제의 대상을 타깃화하여 문제가 없는 일들은 일정별로, 매뉴얼대로 실수 없이 실행하고 문제가 예상되는 타깃에 대해서는 시간과 자원과 역량을 집중해야 한다. 그래야 원하는 성과를 창출할 수 있다.

통상적인 경험이나 규정, 매뉴얼에 따라 일을 하면 원하는 결과물을 얻을 수 있는 전략을 '고정변수 공략 전략'이라고 하고 주로 성과목표조감도의 고정요소가 대상이다. 기대하는 목표 수준과 열심히 노력하면 예상되는 달성 수준과의 차이를 만들어내는 부분을 '변동변수'라고 하고 이를 공략하기 위한 전략을 '변동변수 공략 전략'이라고 한다. 주로 성과목표조감도의 변동요소가 그 대상이다.

전략은 목표와 인과관계이고

계획은 결과와 상관관계다.

계획한 대로 일하는 것은 좋은 결과를 예상하는 것이고,

기획한 대로 일하는 것은 원하는 결과를 의도하는 것이다.

기획(planning)은 목표와 전략과 자원을 결정하는 것이고

계획(plan)은 일정별로 해야 할 일의 순서를 결정하는 것이다.

성과목표 달성전략 수립하는 법

전략 타깃의 윤곽이 잡히는 시점은 성과목표조감도를 설정하는 순간부터다. 일을 시작하기 전에, 목표를 달성한 이후의 모습을 세부구성요소 중심으로 설정한 것을 성과목표조감도라고 했다. 여기서 성과목표조감도를 구성하고 있는 요소들을 쭉 나열해보면 아주 중요한 요소부터 간단히 끝낼 수 있는 요소까지 그 종류가 다양하다. 이들 요소는 크게 고정요소와 변동요소로 분류할 수 있다.

고정요소

성과목표조감도의 세부구성요소를 나열해보면 일상적 ·

통상적 노력으로 달성할 수 있는 요소들이 있다. 이를 '고정요소'라고 한다. 이미 업무프로세스가 정립되어 있어 해오던 방식대로 수행하면 별 다른 문제가 없는 일이기 때문에 실행방법이나 절차를 매뉴얼로 만들어 수행하면 시간을 절약할 수 있고 많은 자원을 투입하지 않아도 된다.

하지만 고정요소로 분류되었다고 해서 마음을 놓아서는 안 된다. 지난번에는 고정요소로 분류했던 요소들이 고객이나 경쟁자, 그리고 시장변화나 기타 내외부적 상황요인으로 인해 달성하기 까다로운 변동요소로 바뀔 수도 있기 때문이다.

변동요소

기존의 방법으로는 공략하기 어려워 새롭고 혁신적인 방법으로 실행해야만 달성할 수 있는 요소를 '변동요소'라고 한다. 말 그대로 목표달성에 변동이 가능한 요소다. 변동하는 상황이 목표달성에 영향을 미칠 수 있기 때문에 고정요소와는 달리 매뉴얼화할 수 없다. 매번 창의적이고 혁신적인 방법을 강구해야 하기 때문에 자원과 역량도 많이 투입해야 한다. 하지만 변동요소를 잘 해결하고 대처하면 목표달성의 가능성은 그만큼 높아진다.

1. 핵심 공략 타깃 선정

사람들은 만족스럽지 못한 결과가 나왔을 때, 그 원인에 대한 분석을 나름 치밀하게 했다고 하지만, 실제로 그러한 분석을 기초로 전략을 수립하거나 의사결정을 하지는 않는다. 그보다는 일반적인 형태로, 두루뭉술하게 제시하고 끝내는 경우가 많다. 회사의 경영전략에 문제가 있었다면, 문제점을 반성하고 치밀하게 분석한 후에 "결국 리더가 바뀌지 않으면 우리 회사는 힘들 거야." 하는 말로 결론을 내리는 경우도 종종 볼 수 있다.

왜 이와 같은 현상이 일어날까? 주요한 심리적 원인으로 '지나친 일반화의 오류'를 들 수 있다. 원인이 다르면 그에 따른 해법도 달라져야 하는데, 전략적으로 생각한다는 것이 예상보다 쉽지 않다. 그렇다 보니 아무리 고민해도 뾰족한 수가 나오지 않고, 결국 적당한 선에서 일반적인 해법을 제시하고 끝낸다. 그러고서 "내 할 일은 다 했다."고 생각하는 것이다.

물론 전략을 수립한다는 것이 말처럼 쉬운 것은 아니다. 때문에 담당자가 느낄 애로사항은 공감이 간다. 하지만 그렇다고 해서 아무런 의도나 방향성 없이 막무가내식으로 일을 처리하는 것은 분명 고객만족이나 성과창출과는 점점 멀어지게 만들 수밖에 없다.

전략이란 한마디로 '성과목표 달성을 위해 공략해야 할 타깃을 찾아내는 것'을 말한다. 성과목표를 달성하기 위한 전략을 수립할 때는, 성과목표조감도를 먼저 명확하게 확인하고 어떤 타깃을 집중적으로 공략할 것인지 심도 있게 고민해야만 한다.

'타깃을 공략한다'는 것은 불특정 다수를 대상으로, 무차별적으로 실행하는 것이 아니다. 명확한 의도를 가지고 최종 성과의 핵심을 좌우할 만한 타깃을 선정해 이를 정확하게 공략하는 것이 중요하다.

고정변수와 변동변수 달성전략 차별화

전략을 수립할 때 고정변수와 변동변수를 구분하여 선택과 집중의 개념을 활용하는 것이 필요하다. 성과목표조감도를 설정할 때 고정요소는 과거의 경험이나 통상적인 노력으로 달성 가능한 요소라고 했고, 변동요소는 통상적인 노력으로는 어렵기 때문에 창의적이고 혁신적인 방법을 사용해야 한다고 했다.

고정요소를 공략하기 위한 전략을 고정변수 달성전략이

라고 한다. 성과목표조감도는 이미 목표가 달성된 것처럼 세세하게 표현되어 있기 때문에 '요소'라는 개념을 사용했지만, 실행을 할 때는 얼마든지 변수가 생길 수 있기 때문에 요소가 아닌 '변수'라고 명명한다. 고정변수 달성전략은 성과목표조감도의 고정요소 목표를 달성하기 위한 전략이다. 과거 경험대로, 매뉴얼대로 열심히 노력하면 예상되는 수준으로 목표를 달성하기 위한 전략이다.

변동변수 달성전략은 성과목표와 예상 달성수준의 갭을 메우기 위한 전략이다. 고정변수 달성전략은 통상 팀원이나 하위조직에 델리게이션하고 팀장이나 상위리더는 변동변수를 달성하기 위한 전략에 집중해야 한다. 자원이 한정되어 있고 목표달성기한이 정해져 있기 때문에 항상 성과목표달성에 결정적인 영향을 미치는 변동변수를 공략하는 데 핵심역량을 집중해야 한다. 물론 고정변수라고 생각한 목표달성전략이 제대로 실현되지 못해 성과목표 달성에 부정적인 영향을 미칠 수도 있다. 때문에 고정변수 달성전략은 분기, 월간, 주간, 일일 성과목표로 잘게 캐스케이딩하여 실수 없이 달성해야 나가야 한다.

전략무용론에 귀가 솔깃하면 안 된다

어떤 사람들은 전략을 애써 세울 필요가 없다고 주장하기도 한다. 아무리 타깃을 생각하고 창의적인 방법을 수립하더라도 외부환경은 늘 변하고, 우리가 설명할 수 없는 불확실한 요인도 너무 많아서 전략이라는 것은 대체로 아무런 쓸모가 없게 되는 경우가 많다는 것이다.

하지만 실제로 전략이 기업이나 개인의 성과달성에 얼마만큼의 영향력을 발휘하는지에 대한 국내외 저명한 학자들의 실증연구를 살펴보면, 대략 45% 정도는 우리 자신이 통제할 수 없는 요인에 의해, 그리고 55% 정도는 우리가 전략적으로 얼마만큼 파고드느냐에 따라 성과가 달라질 수 있다고 강조한다.

즉, 개인이 성과목표 달성을 간절히 희망하고, 이를 위해 객관적인 데이터 분석을 통해 핵심적으로 공략해야 할 타깃을 정확히 찾아내고자 노력하는 것이, 외부 요인에 불평불만을 늘어놓는 것보다 훨씬 더 생산적이고 필요한 일이라는 것을 입증해준다.

아직도 많은 실무자들이 성과목표를 달성하는 데 그저 변죽만 울리는 업무추진계획에 매몰되어 있다 보니, 목표달성에 가장 중요한 영향을 미치는 타깃에 대한 분석이 없다. 단지 주어진 실행과제를 어떻게 하면 잘 수행할 것인가에만 초점을 맞춘 시계열적 업무추진계획을 전략이라고 착각하는 경향이 많다.

자신이 어떤 타깃을 대상으로 실행에 집중하느냐에 따라 같은 일을 해도 성과가 다르게 나올 수 있다. 아무리 달성하기 어려워 보이는 성과목표라도 체계적으로 전략을 수립해서 실행한 사람은 일을 효율적으로 진행하여 원만하게 끝낸다. 하지만 반대의 경우 지금 당장 눈앞에 닥친 일 처리하기에도 급급하여 일에 질질 끌려 다닌다. 그러다 보니 문제가 발생했을 때 대응력이 떨어지고 실수도 빈번하다.

성과목표 달성에 중요한 영향을 미치는 것은 공략할 타깃을 정확히 선정하는 것이다. 공략할 타깃을 제대로 정하지 못하면, 전략이랍시고 세운 계획들이 매년 대동소이할 수밖에 없다. 지난해와 전혀 다른, 새롭고 창의적인 전략들이 제대로 도출될 수가 없다. 그러다 보니 경영환경과 내외부의 조건들이 예년과 동일하지 않는 이상, 성과목표가 달성될 확률은 매우 낮을 수밖에 없다. 그러면 결국 '연간목표 따로, 전략 따로'가 되어버린다. 시간 낭비, 노력 낭비, 자원 낭비가 될 것은 불을 보듯 뻔하다.

성과목표 달성전략의 핵심은 무엇보다도 타깃 선정이다.

가장 중점적으로 공략해야 할 세부 타깃을 잘 선택함으로써 사전에 실패할 리스크를 최대한 줄여나가야 한다.

2. 타깃별 맞춤형 공략전략 수립

성과목표 달성전략을 수립할 때 창의적인 아이디어를 발휘하여 구체적으로 수립하기 위해서는, 실행으로 옮길 전략을 명확하게 선택하는 것이 우선이다.

공략할 타깃이 정확하게 설정되지 않은 막연한 의지의 표현이나 당연히 해야 할 업무를 나열한 것은 결코 전략이라고 말할 수 없다. 그냥 실행지침이나 업무추진계획일 뿐이다. 보통 실행 당사자조차 무엇을 위한 업무추진계획인지도 사실은 파악이 잘 안 되는 수준이 대부분이다.

또한 연간 단위에서 구체적인 실천계획을 짤 때는 자신이 활용할 수 있는 자원의 범위, 즉 시간, 정보, 예산 등을 얼마나 활용할 수 있는지도 매우 중요하다. 가뜩이나 한정된 자원인데 아무 데다 막 쓸 수는 없다. 어떤 곳에 집중할지 의사결정하기 위해서는 반드시 핵심적으로 공략할 대상과 방법을 정하고 일을 시작해야 한다. 때문에 타깃과 전략이 없으면 창의적인 아이디어도, 구체적인 실행방안도 절대로 도출될 수 없다.

3. 예상리스크요인 대응방안 수립

전략수립을 마쳤으면 이제 실행만 하면 된다. 그런데 아무리 제대로 전략을 수립했다고 하더라도 실행할 때 통제 불가능한 걸림돌이 되는 것이 있다. 그것을 예상장애요인 혹은 예상리스크요인이라고 한다. 리스크요인이란 실행하는 사람의 입장에서 통제 불가능한 요인을 말한다. 리스크요인에는 외부환경요인과 내부역량요인으로 나눌 수 있다. 외부환경요인은 조직별, 개인별로 다르다. 기업은 주로 고객·이해관계자·경쟁자·국가별 시장환경·환율 등이 있다. 리스크에 대응하기 위해서는 평소에 자신의 성과창출에 영향을 미칠 수 있는 외부환경요인을 미리 구체적으로 분석해 놔야 한다.

내부역량요인은 기업 차원에서 설비·원부자재·작업자의 수준·네트워크 등이 있고, 개인 차원에서 지식·스킬·경험·일하는 방식 등의 능력과 역량이 있다. 예상리스크요인에 대한 대응방안의 근거는 성과목표 달성전략이다. 그저 과거에 비슷한 과제나 성과목표를 달성할 때 부정적인 영향을 미쳤다고 해서 벤치마킹할 필요는 없다. 통상적·경험적 요인으로 구태의연한 대응방안을 마련해서는 안 된다. 이는 실무자가 반드시 주의해야 할 대목이다.

외부환경요인과 내부역량요인 분석을 바탕으로 예상 리스크요인에 대응하고 목표를 달성할 수 있는 비상계획이 준비되어 있어야만 목표달성의 가능성이 높아진다. 이때 비상계획을 플랜B · 시나리오B · 컨틴전시 플랜contingency plan 등으로 부른다.

예상리스크요인을 찾으라고 하면 대부분 외부환경요인을 생각하지 내부역량요인을 분석할 생각은 잘 안 한다. 외부환경 리스크요인을 분석할 수 있는 역량도 어찌 보면 바로 '현재 자신의 능력과 역량'이다. 자신이 가진 능력과 역량은 성과를 창출할 수 있는 '핵심 성공요인'의 근거다.

전략수립은 월등한데 실행역량이 부족해서 다 된 밥에 재 뿌리는 경우가 종종 있다. 자신의 역량이 부족하다는 사실을 인지했으나 짧은 시간 내에 이를 끌어올리거나 보완할 수 없다면 외부지원을 요청하여 협업할 수 있도록 해야 한다. 조직의 입장에서는 실무자가 직접 실행을 하든 협업을 하든 중요한 것은 성과창출이다. 당연히 실무자 입장에서는 앞으로 이러한 문제가 재발하지 않도록 평소 자신의 역량을 키우는 일에 소홀하지 말아야 한다.

마케팅에서 '4P전략'이란 제품(product)·가격(price)·유통(place)·판촉(promotion)을 말한다. '4P전략'을 세울 때 내부역량의 강점과 약점, 외부환경의 기회와 위협요인을 파악하듯, 성과목표를 달성하기 위해서는 객관적인 '일'에 대한 분석과 주관적인 실행자인 '자신'에 대한 분석을 동시에 해야 한다. 외부환경요인에 대한 대비가 아무리 잘되어 있다고 해도 이 일을 직접 수행하는 사람, 즉 실행자의 능력과 역량이 부족하면 부질없는 일이다. 자신의 역량이 얼마나 부족한지를 깨닫는 순간, 하고자 하는 의욕과 의지가 사라지기 때문이다. 설정한 목표나 수립한 전략을 제대로 실행에 옮기기 위해 평소에 능력과 역량을 관리하는 데 소홀함이 없어야 하겠다.

4. 플랜B 준비

돌발적인 상황이나 위기는 아무런 예고 없이 찾아온다.

언제 어떤 형태로 우리에게 다가올지 모를 일이다. 따라서 유사시를 대비한 비상계획, 플랜B를 사전에 준비해야 한다. 실행하기로 했던 전략을 예정대로 실행하지 못하거니 계획이 틀어지더라도 성과목표를 달성할 수 있도록, 그리고 혹시라도 닥칠 수 있는 최악의 위기를 잘 넘어가기 위해서다.

목표달성에 리스크가 될 것 같은 요소들을 사전에 파악하고, 혹시라도 리스크요소 때문에 실행으로 옮기기로 한 전략이 무용지물이 될 경우를 대비하는 비상용 대안을 가지고 있어야 한다. 일이 터지고 난 후, 마땅히 대체할 계획이 없다는 것은 너무 안일한 태도다. 어찌 보면 그냥 핑계일 뿐이다.

사실 일을 하면서 스스로에게 '긍정의 자기최면'을 거는 사람들이 생각보다 많다. 별 근거나 대비도 없이 마냥 "잘 될 거야. 나는 잘할 수 있어." 하는 사람이다. 그런 태도는 마음을 편안하게 만들어주고 자신감도 생겨나게 해주는 장점이 있다. 잘못되었다는 게 아니다.

반면 "잘 안 되면 어떻게 하지? 이번에 실패하면 그다음엔 어떻게 하지?" 같은 생각은 두려움과 불안을 증폭시킨다. 심각한 경우 자신이 원래 가지고 있던 역량조차 발휘하지 못하게 만든다. 따라서 사람들이 스스로에게 긍정의 기운을 불어넣음으로써 불안감을 없애려고 하는 것은 충분히 이해할 수 있고 실제로 효과가 있다는 연구결과도 있다.

다만 그럼에도 불구하고 잘 안 될 수 있는 1%의 가능성에 대해 충분히 대비하고, 마지막까지 원하는 성과목표를 달성하고자 하는 마음의 경계를 늦추지 않는 것이, 우리가 일을 할 때 경쟁자들보다 조금이라도 앞설 수 있는 태도다.

플랜B가 제대로 수립되어 있지 않으면, 예상치 못한 문제가 발생했을 때 그다음부터 전혀 대응이 안 된다. 소위 '멘붕'에 빠지는 것이다. 따라서 연간이나 반기, 분기별 성과목표를 달성하기 위한 전략들을 총체적으로 리뷰해보고, 타깃별 실행과제를 120% 이상 준비해두어야 한다. 그리고 그 모든 전략실행이 제대로 작동하지 않을 경우를 대비한 플랜B까지 성과목표 달성전략에 포함해두어야 한다. 그래야 위기상황을 유연하게 극복하고 원하는 성과를 얻을 수 있다.

예상리스크요인에 대한 플랜B 방안은, 사안에 따라 다르긴 하지만, 월간이나 주간 단위로는 세우기 어렵다. 월간이나 주간 등 비교적 짧은 시간 단위로는 예상리스크요인을 파악했다고 하더라도 그 자리에서 눈 뜨고 당할(!) 수밖에 없다. 예상리스크요인을 도출하고, 그것에 대한 대응방안을 수립해 실행하고, 만약의 경우를 대비해 플랜B를 수립하는 것은 최소 3개월 전에 시작해야 한다. 그래야만 제대로 리스크에 대응할 수 있다.

　연극이나 뮤지컬을 준비하는 단계를 살펴보면 플랜B가 얼마나 중요한지를 알 수 있다. 인기 있는 연극이나 뮤지컬의 공연기간 중에 주인공이 부상을 당하거나 혹은 개인적인 사정으로 참석하지 못할 경우 어떻게 하겠는가? 공연 기획자들은 아예 주인공 캐스팅 때부터 미리 플랜B 차원에서 언더스터디를 준비해둔다. 언더스터디란, 메인배우에게 문제가 생겼을 때 대신 투입되는 배우로, 일종의 주인공 대역이다.

　언더스터디의 경우 무대에 설 수도 못 설 수도 있는 불확실한 위치이지만, 어쨌든 공연의 처음부터 끝까지 실제 주인공과 동일하게 연습하며 만일의 사태에 대비한다. 자신이 출연하지 않았다는 것은 주인공이 공연을 무사히 잘 끝낸 것을 의미하는 것이고, 만일 자신이 출연하게 되었다면 이는 주인공의 부재를 자신이 무사히 메울 기회를 얻었다는 것이기에, 언더스터디는 공연 기획사나 극단이 리스크를 상당 부분 줄일 수 있는 플랜B라고 볼 수 있다.

일을 하다 보면 지극히 개인적인 사유로 혹은 외부환경의 변화 탓에 어쩔 수 없는 돌발변수가 항상 발생한다. 그때 우왕좌왕하지 않고 얼마나 신속하고 유연하게 대처해내느냐가 그 사람의 진짜 내공이다. 갑작스레 발생한 돌발사태에도 당황하지 않고 미리 준비된 플랜B를 가동하여 문제를 해결하고 맡은 바 임무를 완수해낸다면, 그 사람은 진정한 프로라 할 수 있다. 어떠한 상황에서도 성과목표를 달성해낼 정도로 주변의 모든 상황을 꿰고, 다양한 전략을 구사할 수 있는 능력을 갖췄기 때문이다.

5. 지원요청사항의 사전공유

여러분이 성과목표를 입체적 조감도 형태로 구체화하고, 실행전략 수립 내용에 대해 상위리더로부터 코칭도 받았다. 그다음 단계로 해야 할 일은 무엇일까? 바로 지원요청사항을 밝히는 일이다. 여러분이 전략을 실행하는 데 필요한 자원이 정확하게 무엇이고, 그것이 언제까지 준비되어야 하는지 등에 대해 상위리더에게 사전에 밝히고 협의하는 것이 중요하다.

실무자라면 누구나 성과목표를 달성하기 위해 전략을 수립하고, 전략을 실행하는 데 자원을 어떻게 배분해야 할지 나름대로 준비를 하겠지만, 가끔은 아무리 생각해도 상위 리더에게 아쉬운 소리(?)를 해야 하거나 도움받을 상황이 생긴다. 이처럼 갑작스럽게 도움을 요청해야만 하는 상황에 닥치면, 왠지 부담스러워 혼자서 어떻게든 해결하려고 끙끙거리다 시간만 보내는 경우를 종종 볼 수 있다.

새로운 과제를 부여받고 성과목표와 달성전략을 기획하고 실행하는 데는 시간, 예산, 정보 등의 다양한 자원이 필요하다. 따라서 실무자는 성과목표와 달성전략, 실행계획을 수립하고 나서 일을 시작하기 전에, 필요한 자원을 상위리더에게 미리 요청해야 한다. 특히 자기 자신이 실행의 주체로 우뚝 서기 위해서는 직관이나 감에 의존해 대충 자원요청을 해서는 안 된다. 성과목표 달성전략과 예상리스크 대응방안, 플랜B를 근거로 객관적인 데이터를 바탕으로 과거 성과와 전략을 잘 비교, 분석하여 필요한 자원을 리스트업하고 요청하는 것이 좋다.

예를 들어 지난해 혹은 근래의 유사한 성과목표를 달성할 때 투입된 시간, 인력, 예산, 정보 등을 살펴보고, 얼마만큼의 성과를 달성할 때 어떤 전략을 실행했고, 어느 정도의 자원이 투입되었는지를 미리 알아봐야 한다는 의미다. 그리고 투입하기로 했던 자원이 실제로 다 투입되었는지 확인해보는 것도 필요하다. 그래야만 성과목표 달성을 위해 지원받은 자원이 월말이나 연말에 불필요한 곳에 사용되는 일이 생기지 않는다.

아울러 성과목표를 책임지고 있는 리더나 실무자는 일을 시작할 때 회사나 상위리더로부터 지원받은 자원에 대한 데이터를 월별, 분기별로 누적관리하고 모니터링해야 한다. 왜냐하면 만약 자신이 팀장이나 상위조직으로부터 지원을 많이 받았음에도 제대로 된 성과를 내지 못했다면, 우선 일정 기간에 사용된 자원, 시간, 예산을 정확하게 예측하지 못했다고 볼 수 있다. 아울러 최종 아웃풋 이미지가 분명한 성과목표와 달성전략을 근거로 자원이 투입된 것이 아니라, 막연하게 업무추진계획 중심으로 대충 산정하여 자원 낭비가 발생했을 가능성도 크다.

결국 실무자가 자신의 성과목표를 달성하기 위한 전략을 수립하고 실행으로 옮길 때, 활용 가능한 자원의 범위를 제대로 알고 실행에 임하느냐 그렇지 못하느냐 하는 것이 최종적으로 성과목표 달성여부를 좌우할 수 있다. 이

점을 반드시 기억하고 항상 필요한 자원과 관련해서는 객관적인 근거를 가지고 상위리더에게 요청하는 습관을 들여야 한다.

6. 실행계획 수립

성과목표와 달성전략, 예상리스크 대응방안이 구체적으로 정해지고 나면, 이를 실행으로 옮기기 위해서 일정별로 해야 할 일의 순서를 정해야 한다. 이것이 바로 '실행계획'이다. 실행계획은 핵심과제나 성과목표별로 분기, 월간, 주간, 일일 단위 등 기간별 전략을 실행하는 납기나 업무추진절차 혹은 순서를 정해 놓은 것이다. 쉽게 말해 업무추진 일정계획이라고 보면 된다. 가령 핵심과제의 성과목표를 달성하기 위해서는 언제까지 무엇을 반드시 해야 하는지, CEO나 상위조직 리더의 결재나 코칭을 받기 위해서는 언제까지 어떤 내용을 준비하고 보고해야 하는지 등의 순서를 정하는 것이다.

앞에서도 언급했지만 성과목표 달성전략과 업무추진계획, 실행계획, 액션플랜은 확실히 구분해서 실행해야 한다.

성과목표를 달성하기 위한 전략과 핵심과제, 실행계획은 엄연히 다르다. 각각이 어떻게 다른지를 확실히 하기 위해서는 행위 중심으로 일하는 절차와 결과물 중심으로 일하는 절차가 다르다는 것을 먼저 살펴볼 필요가 있다.

'행위'란 하고자 하는 일이나 과제를 말한다. 자신의 역할을 잘 수행하기 위해 정해진 기간에 해야 할 일이다. '결과물'은 행위, 업무수행을 통해 목적하는 바를 이룬 상태를 의미한다. 결과물은 목적과 목표가 중심이 된다. 원하는 결과물 없이 해야 할 일만 표현되어 있다면 이는 그냥 행위일 뿐이다.

만약 여러분 자신이 일하는 방식을 돌아보라. 행위 중심의 '투 두 리스트to do list' 방식에 가깝다면 일하는 방식을 결과물 중심으로 바꿔야 한다. '열심히' 하는 것도 좋지만 '제대로' 일하는 게 더 중요하기 때문이다. '제대로 일한다'는 의미는 원하는 결과물부터 분명하게 정해놓고 결과물을 중심으로 하우투를 고민하고 실행하는 것을 말한다.

여러분이 한 일이 성과목표와 인과관계가 있는가, 아니면 상관관계가 있는가? 이 둘은 엄연히 다르다. 인과관계가 있다면 결과물 중심으로 전략적으로 일한 것이고, 상관관

[표2] 연간, 반기 성과 코리뷰

핵심과제	성과목표 (KPI+수치목표)	성과목표조감도 (상태적 목표)	성과목표 달성전략	예상리스크 대응방안	분기별 액션플랜			
					1Q	2Q	3Q	4Q
해당 연도에 가장 우선적으로 실행해야 할 핵심과제를 지절을 고려하여 선정한다. 내년이나 중가성과를 달성하기 위한 선행과제, 해당 연도의 가장 우선적으로 실행해야 할 담기과제, 전년 성과를 개선해야 할 개선과제.	과제 추향 따을 통해 과제수행을 통해 기대하는 성과목표를 가급적 KPI와 수치목표의 형태로 표현한다. 그렇지 않을 경우 성과목표조감도를 이용하여 기대하는 결과물을 이루는 구체적 모, 세부내역 중심으로 묘사한다. 결과물에 대한 측정기준, 소요예산 등을 기재한다.	성과목표조감도 란 성과목표가 달성된 상태를 마치 이루어진 듯이 세부구성 요소 형태로 표현한다(대략사보다 명사로 표현).	성과목표와 예상 성과수준을 구체화하고 갭을 도출한 다음 예상되는 장수준을 달성하기 위한 고정변수 공략전략, 경우 공략하기 위한 변동변수 공략전략을 수립한다. 공략전략과 공략방법을 적는다.	전략을 실행하는 성과목표 달성을 위해 해서 부기 성상리스크요인 외부환경요소와 내부역량요소와 내부역량으로 대응방안을 작는다.				

계만 있다면 그저 열심히만 했다고 볼 수 있다. 스스로 일하는 방식을 돌아보면 구분할 수 있을 것이다.

결과물을 구체적으로 생각하지 않고 행위 중심으로 일하게 되면 자신이 가진 경험과 지식만을 가지고 실행계획을 수립할 가능성이 크다. 그렇게 되면 의도하지 않았더라도 과거의 노하우와 고정관념에 갇혀서 일을 그르칠 가능성이 높다. 결과물 중심으로 일하기 위해서는, 원하는 성과목표와 성과목표 달성전략이 전제되어야 한다.

'제대로 일한다'는 의미는 원하는
결과물부터 분명하게 정해놓고
결과물을 중심으로
하우투를 고민하고 실행하는 것이다.
여러분이 한 일이
성과목표와 인과관계가 있는가,
아니면 상관관계가 있는가?
이 둘은 엄연히 다르다.
인과관계가 있다면 결과물 중심으로
전략적으로 일한 것이고,
상관관계만 있다면 그저 열심히만
했다고 볼 수 있다.

4단계 : 성과목표 실행

자, 이제 성과목표에 맞게 전략도 구체화했고 실행계획도 세웠다. 일이 실행으로 옮겨지기 위해서는 실행해야 할 일의 기준, 즉 실행할 대상의 미래 모습인 원하는 결과물이 분명해야 한다. 그리고 그 일을 실행하는 사람이 주도적으로 수행할 수 있는 능력과 역량을 갖춰야 한다.

실행력(execution competency)이란, 원하는 결과물을 얻기 위해 실제 필요한 일을 행동으로 옮길 수 있는 실천행동 역량이다.

실행력의 첫 단추는 기획력

사실 기획력과 실행력은 상호의존적인 관계다. 원인과 결과에 해당된다. 기획력이란 성과목표와 달성전략, 필요자원을 의사결정할 수 있는 역량이다. 실행력이란 성과목표를 분기·월간·주간 단위 등 기간별로 캐스케이딩하고, 수직적·수평적 협업을 하고, 환경변화에 따라 롤링플랜을 적용하여 원하는 성과를 창출할 수 있는 역량을 말한다.

보통은 기획력이 실행력에 영향을 주지만, 반대로 실행력에 따라 목표나 전략을 수정해야 하는 경우도 있다. 실행력은 기획한 것을 행동으로 전환시키는 역량이고, 성과목표를 달성하기 위한 인과적 실행 여부가 중요하다. 성과창출에는 당연히 절대적인 요소다.

당연한 이야기지만, 열심히 움직이는 것만으로 실행력이 좋다고 이야기할 수는 없다. 실행력은 '기획했던 성과가 창출된다'는 전제조건이 붙어야 한다. 시키는 대로만 잘하는 수동적인 실행력이 아니라 자기완결적으로 성과를 창출해낼 수 있는 주도적이고 능동적인 실천행동 역량이 핵심이다.

우리가 흔히 오해하는 것이 있다. '아는 것'과 '할 줄 아는 것'을 혼동하는 것이다. 아는 것과 할 줄 아는 것은 다르다. 어떠한 정보를 알고 있다는 것은 의사결정하는 데는 도움을 주지만 그 자체가 실행으로 이어지거나 목표를 달성하게 하지는 않는다. 아는 것도 실행해야 의미가 있다. 아는 것에서 그치는 것이 아니라, 할 수 있는 단계, 실제 행동으로 옮기는 단계까지 스스로를 끌어올려야 한다. 지금 우리에게 필요한 것은, 원하는 결과물을 얻기 위한 빠르고 강한 실행력이다.

문제의식이 실행력을 좌우한다

'회의'가 없는 회사를 상상할 수 있을까? 2~3시간은 기본이고 하루 종일 회의를 하는 날도 있다. 그런 날은 퇴근 무렵이 되면 '나 오늘 뭐 했니…' 하며 한숨이 절로 나온다. 그런데 생각해본 적 있는가? 우리는 왜 회의를 할까? 회의의 근본적인 목적은 '문제해결'이다. 하지만 회의라는 단어만 떠올려도 회의懷疑가 몰려온다고 한다. 지루하고, 쓸데없이 길고, 불필요하고 등등 부정적인 반응 일색이다. 이유는, 회의의 목적인 '문제해결'이라는 목표를 달성하지 못했기 때문이다.

회의에는 구성원들의 일하는 모든 방식과 수준이 녹아있다. 명확한 결론을 도출하기 위한 문제의식의 정도에 따라 회의의 수준과 질이 달라진다. 그리고 문제의식은 사람마다 얼마든지 다를 수 있다. 가령 일 잘하는 사람과 일 못하는 사람의 문제의식은 다르다. 일을 제대로 못 하는 사람들의 가장 큰 문제는, '현상'과 '문제'가 뒤섞여 있을 때 이를 잘 구별하지 못한다는 점이다. 문제의 본질에 접근하지 못하니 원인을 찾을 수가 없고, 결국 문제를 해결해내지 못한다. 당연히 그런 사람들만 모여서 회의를 해봐야 근본적인 목적과는 점점 멀어진다.

현상과 문제는 다르다. '현상'은 잠재되어 있지 않고 겉으로 드러난 모습으로, 주관적 의견이 아닌 객관적 사실이다.

'문제'는 현상과 기대 모습의 차이를 말한다. 객관적 현상과 기대 모습을 모르면 문제를 제대로 규명할 수 없다.

일을 잘하는 사람들은 현상을 바탕으로 문제를 찾아내고 원인을 파악함으로써 해결방안을 도출하는 논리적인 사고로 접근한다. 즉, 자신이 달성하고자 하는 목표와 현실의 격차를 해결하기 위해 발생 가능한 다양한 문제를 명확하게 의식하고 해결할 수 있는 대안을 만들어낸다.

문제해결 기법이나 스킬을 배우는 것보다 문제를 어떻게 바라보는지를 뜻하는 '문제의식'이 중요하다. 문제를 언제, 어떻게 바라보는가에 따라 문제해결 방법이 달라지기 때문이다.

성과창출을 위한 상황 속 문제의식

어제의 기대 모습과 오늘의 현상은 어떤 차이가 있나? 드러난 문제는 무엇이고, 원인과 해결방안은 무엇인가? 우리는 이것을 '발생형 문제의식', '발생형 문제해결 방법'이라고 부른다.

한편, 내일의 기대 모습과 오늘의 현상은 어떤 차이가 있나? 드러날 문제는 무엇이고, 기대 모습과 예상 달성수준의 차이인 변동변수는 무엇인가? 달성전략 실행에 대한 예상리스크요인과 그것에 대한 해결방안은 무엇인가? 우리는 이것을 '설정형 문제의식', '설정형 문제해결 방법'이라고 한다.

자원이 넉넉하고 안정적인 경영환경에서는 '발생형 문제의식'을 갖는 것도 효과적이다. 하지만 반대로 자원이 한정적이고 불확실한 경영환경에서는 사전적 실행조치로서 '설정형 문제의식'을 갖는 것이 더욱 적합하다. 물론 후자의 경우에도 발생형 문제의식을 갖는 게 의미가 없다는 이야기는 아니다. 발생형 문제해결 방법만 고집하기보다 설정형 문제해결 방법을 가미하여 변동변수와 예상리스크요인에 대한 문제의식을 가질 필요가 있다. 미래에 기대하는 모습을 이뤄내기 위한 과정에서 발생할 수 있는 문제를 예측하고 해결방법을 찾으려는 문제의식은 더 높은 성과를 달성해내는 원동력이 될 수 있다.

모든 문제에는 원인이 있다. 그러므로 문제를 해결하기 위해서는 문제를 일으킨 원인을 찾아 제거해야 한다. 문제의식을 제대로 가지려면 끊임없이 의문을 제기하라고 많은 사람들이 조언한다. 그런데 막상 무엇을 물어야 할지, 누구에게 물어야 할지, 어떻게 물어야 할지 참으로 막막해진다. 눈을 감고 조용히 명상을 한다고 해서 해결방안이 떠오르는 것도 아니다.

경험과 지식이 많다고 해서 모든 문제를 해결할 수는 없다. 문제의식의 본질은 현상과 목표에 대한 객관적 인식에 있다. 문제의식은 경험과 지식 그리고 명상과 사유에 의한 주관적 의견을 참고할 뿐이지 결정적 기준으로 활용하지는 않는다. 문제의식은 현상과 기대 모습에 대해 관찰하고 분석한 객관적 사실로부터 출발해야 한다. 혁신하고 성장하고자 한다면 해결해야 할 대상인 '문제'를 알아야 한다. 문제를 알고자 한다면 현상(as-is)과 기대 모습(to-be)을 객관적 사실로 자각할 수 있어야 한다.

현상과 문제는 다르다.

'현상'은 잠재되어 있지 않고 겉으로 드러난 모습으로,

주관적 의견이 아닌 객관적 사실이다.

'문제'는 현상과 기대 모습의 차이를 말한다.

객관적 현상과 기대 모습을 모르면

문제를 제대로 규명할 수 없다.

성과목표 실행의 핵심, 캐스케이딩

몸이 10개라면 좋겠지만, 우리는 일이 아무리 많아도 한 번에 하나밖에 못 한다. 그렇다면 한정된 시간과 자원을 어떤 과제와 목표에 우선적으로 투입해야 하는가? 연간·반기·분기·월간·주간·일일 단위에서 우선적으로 달성해야 할 목표를 어떻게 결정할까? 논리적인 근거와 합리적인 타당성을 확보해줄 수 있는 '캐스케이딩'이 그 판단기준을 제시한다.

조직의 목표달성을 위한 전략적 배분

　관행적으로 작년과 똑같이 자원을 배분하는가? 아니면, 조직과 사업의 전략적 측면을 고려하여 중요한 업무에 우선적으로 자원을 투자하는가? 후자의 경우여야만 급변하는 외부 환경에 좀 더 유연하고 기민하게 대응할 수 있다. 실제로 프로젝트별 전략적 중요도에 따라 자원을 배분하는 조직이 성과도 높게 나타났다. 당연한 결과 아닐까?

　영어단어 캐스케이딩은 '폭포 같은, 연속적인'이란 뜻으로, 기업이나 조직에서는 일반적으로 '목표배분'이라는 의미로 사용한다. 이는 '얼라인먼트alignment', 즉 전략적 연계성, 인수분해와 같은 의미다. 폭포가 위에서 아래로 자연스럽게 흐르듯이, 상위목표가 인수분해되어 하위목표로 연결되는 것이다. 이렇게 되면 목표 간에 상호 연계성이 생긴다.

　캐스케이딩이란 일정 기간에 상위조직과 하위조직이 역할과 책임에 대한 후행·선행관계의 상호 연계성을 규명하는 것을 말한다. 이는 관리범위와 책임범위를 나누는 것으로 구분되며, 상·하위 조직 간의 권한과 관련한 공간적 캐스케이딩과 미래와 현재 간의 시간적 캐스케이딩으로 구분할 수 있다.

공간적 캐스케이딩

공간적 캐스케이딩은 한정된 자원의 효율성을 극대화하는 책임과 역할의 권한위임 프로세스다. 공간적 캐스케이딩은 일반적인 캐스케이딩에 해당하는 것으로, 상위조직이나 회사에서 하위조직으로 성과목표를 부여하는 것이다. 상·하위 조직 간에 목표를 캐스케이딩할 때는 반드시 공동 워크숍을 진행해 프로세스를 전개하는 것이 매우 중요하다. 일방적으로 하달하거나 바텀업으로 하위조직이 상위조직의 목표달성을 위해서 과제와 목표를 어떻게 설정할지를 정하도록 해서는 안 된다. 상위조직의 목표에 대해 상태적 목표, 즉 성과목표조감도를 기준으로 같이 고민하고, 역할과 책임을 토론하는 과정을 거쳐 공감대를 형성하면서 자연스럽게 배분하라는 뜻이다.

캐스케이딩의 대상목표가 '관리목표'인 경우에는 100% 하위조직에 캐스케이딩한다. 관리목표란 상위조직이나 리더가 직접 실행하여 결과를 책임지는 목표는 아니지만, 하위조직이나 다른 조직이 성과를 잘 창출할 수 있도록 주기적으로 모니터링하고, 자원을 지원하고, 전략을 코칭할 필요가 있는 목표를 말한다. 관리목표는 일반적으로 '대시보

드dashboard'를 활용해 관리한다.

반면 상위조직의 '책임목표'인 경우에는 성과목표조감도를 그려보고, 하위조직이 책임지고 실행 가능한 세부목표가 있다면 캐스케이딩해도 된다. 그렇지 않다면 상위조직에서 직접 책임지고 실행하도록 한다. 상위조직에서 하위조직으로 캐스케이딩할 때는 대부분 2단계 정도가 적당하다. 본부조직이 캐스케이딩한다면 인위적으로 본부에서 팀이나 팀원으로, 팀에서 팀원으로 2단계 정도를 캐스케이딩하는 것이 권한위임의 취지에 부합한다고 볼 수 있다.

책임목표는 직접 실행하든지 위임해서 실행하든지, 실행의 결과에 대해 본인이 책임지는 목표다. 흔히 조직에서 말하는 성과평가의 대상이 되는 목표가 바로 책임목표다.

시간적 캐스케이딩

시간적 캐스케이딩은 원인과 결과의 인과관계를 프로세싱processing하는 행위다. 공간적 캐스케이딩이 조직적 활동이라면, 시간적 캐스케이딩은 개인적 활동이다. 열심히 노력했는데 그만큼 성과를 얻지 못하는 이유 중 하나는, 최종목표를 달성하기 위한 각각의 과정목표가 인과적으로 실행되지 않았기 때문이다. 연간 성과목표 달성을 위해서는 반기·분기·월간·주간 단위의 인과적인 선행 성과목표를 설정하는 시간적 캐스케이딩의 과정이 필요하다.

시간적 캐스케이딩은 최종 성과목표를 달성하기 위한 중간과정에서 주로 이루어진다. 환경이 변화되었거나 상위조직의 전략이 바뀌었을 때도 하는데, 누적 성과 리뷰에 따른 롤링플랜의 성격이 강하다. 여러분이 이번 달, 이번 주, 오늘 반드시 책임지고 달성해야 할 목표가 타당한지 아닌지는, 상위조직의 목표와 상위기간 목표가 결정한다. 정해져 있는 연간 단위 성과목표를 달성하기 위해 반기·분기·월간·주간 목표를 환경요인과 역량요인에 따라 유연하게 설정해야 한다.

최종목표와의 갭을 구체적으로 분석해서 월간·주간 단위 목표로 지속적으로 할당해서 실행해 나가야 원하는 최종성과를 얻을 수 있다. 상위기간의 성과목표가 하위기간의 성과목표를 결정하기 때문에 상위기간의 목표를 조감도의 형태로 구체화하는 것이 시간적 캐스케이딩의 열쇠다.

캐스케이딩을 이야기할 때, 자주 혼동하는 개념이 '디바이딩dividing'이다. 캐스케이딩은 성과목표를 달성하기 위해 수립된 전략을 바탕으로 조직과 개인의 역량과 업무특성, 타깃 등을 고려하여 역할과 책임을 배분한다. 반면 디바이딩은 전체목표를 단순히 1/n로 나눠서 각 조직과 각 구성원에게 할당한다. 연간목표를 월간목표로 1/12로 나눠서 단순 배분하는 것도 디바이딩이다. 별도의 달성전략을 수립하지 않고 단순히 양적인 분담만 하는 경우를 뜻한다. 캐스케이딩은 목표를 화학적으로 인수분해하고, 디바이딩은 목표를 물리적으로 단순 분해한다.

월간목표는 연간목표의 1/12이 아니다

현장에서 체감할 수 있는 최대한의 단위 기간은 월간이다. 연간목표를 막상 실행에 옮기려고 하면, 제아무리 전략과 방법을 구체적으로 설정했다 하더라도 막연한 느낌이 든다. 연간목표라는 큰 그림 속에서 오늘 자신이 해야 할 일을 결정하는 것은 쉬운 일이 아니다. 일을 시작하려면 목표의 단위 역시 체감할 수 있는 범위, 통제할 수 있는 영역 안으로 들어오는 것이 중요하다.

분기목표는 이번 달에 목표한 성과가 나오지 않으면 다음 달로 미룰 수 있는 여지가 생긴다. 그러나 월간목표는 어떻게든 이번 달 안으로 끝내야 한다는 생각 때문에 실행력과 몰입도가 높아진다. 월간에서 주간, 주간에서 일일 단위로 갈수록 개인이 업무를 스스로 관리하고 제어하기 쉬워진다.

목표의 단위 기간이 짧아질수록 개인의 생각과 의지를 행동으로 옮기기가 쉬워진다. 연간목표를 월간·주간·일일 단위로 캐스케이딩하여 작게 나누는 기간별 목표설정은, 현실의 제약을 핑계로 어떻게 일을 시작해야 할지 모르겠다고 하소연하는 사람들에게 반드시 필요한 처방이다. 연간목표는 너무 큰 단위여서 구체성을 담보할 수 없다고 투덜대는 사람들이 있다. 아무리 예상리스크요인을 파악하고 플랜B를 준비한다고 해도 급변하는 시장상황에서 뭐가 어떻게 될지 아무도 모르는 것 아니냐는 얘기다. 그 말도 일리가 있다.

기간별 목표는 월간·주간 단위로 전략을 수정해 시기적절하게 대응할 수 있다는 장점이 있어서 정기적으로 롤링플랜을 세울 수 있는 기준이 된다. 또한 기간별 목표는 연간목표보다 더욱 뚜렷하게 보이는 구체적인 목표여서 그만

큰 실행력이 높아진다. 월간목표보다 주간목표에, 주간목표보다 일일목표에 대해 달성할 수 있다는 자신감이 높아지는 게 당연하다. 목표를 작은 단위로 세분화할수록 명확하고 생생하게 보이기 때문이다. 사람은 높이 달린 사과보다는 손 뻗으면 닿을 거리에 있는 사과를 따려고 더 안간힘을 쓰기 마련이다.

기간별 목표란 정확히 무엇을 의미하는가?

연간목표를 1/12로 나눈 것이 월간목표가 되고, 주간목표를 7등분 하면 일일목표가 되는 것일까? 과제의 성격에 따라 그럴 수도 아닐 수도 있다. 영업·생산·구매·재무처럼 1년 내내 연속적인 업무를 수행하는 조직들은 연간·반기·분기·월간 단위로 기간별 목표를 설정한다. 한편 기획이나 지원·연구개발·프로젝트 성격의 업무나 수시로 발생하는 과제들은 정해진 기간 혹은 마감일이 있다. 이 시점을 기준으로 주어진 시간 내에 수행하여 기대하는 결과물을 구체화하고 객관화하여 과제의 성격에 따른 기간별 목표를 설정하면 된다.

1/n 목표는 위험하다

흔히 연간 성과목표를 실행할 총 기간으로 나눠 기간별 목표를 설정한다. 연매출 목표가 120억 원이면 매달 10억 원씩을 목표로 삼는 것이다. 그런데 정말 주의해야 할 것이 있다. 무조건 모든 것을 1/n로 나눠 목표를 세우면 성과를 낼 수 있는 절호의 기회를 잃어버리는 경우가 있다. 가령 여름에 수영복 판매량이 급증하는데 매월 동일한 매출액을 목표로 한다면? 5월에는 스승의 날과 어버이날이 몰려 있는데, 카네이션 수확 목표량을 10월과 동일하게 정한다면? 경영환경이나 시장상황은 늘 변화한다. 어제와 오늘, 그리고 한 달 후의 상황이 똑같지 않다는 말이다. 당연한 것 아니냐고 반문하겠지만, 실제로 일할 때는 이런 점을 반영하지 못하는 경우가 있다.

맹목적이고 의례적인 절차가 아닌, 실제로 성과를 이끌고 실행력을 높이는 기간별 목표를 세우려면 다음과 같은 단계를 참고하는 것이 도움이 된다.

월간 단위 실행계획은 연간 또는 분기목표에서 찾는다

우리가 일하는 이유를 잊지 말아야 한다. 1년 혹은 정해진 기간에 조직의 성과목표, 상위조직의 성과목표를 달성하기 위해 일하는 것이다. 유독 업계의 환경변화가 심한 경우에는, 예를 들면 자동차업계나 유통업계 등은 연간목표를 큰 수치목표 정도만 세우고, 반기목표나 분기목표를 연간 성과목표 개념으로 활용하는 것도 현실적으로 나쁘지 않은 방법이다.

가용시간과 역량을 감안해 성과목표를 결정한다

연간목표를 자신의 일상적인 역할과 책임을 고려하여 월간·주간·일일 등의 단위로 세분화한다. 기간별 목표라고 할지라도 고객이 누구인지 분명히 하는 것은 필수다. 상위 조직의 리더나 외부 고객, 이해관계자 등의 고객이 여러분의 목표에 대해 기대하는 요구사항을 정확히 파악한다.

기간별로 희망하는 결과물을 성과목표조감도로 표현한다

기간별 목표도 세부내역 중심으로 구체화시켜 변동요소 목표와 고정요소 목표를 구분하는 것이 좋다. 목표를 설정하는 원리는 연간·분기·월간·주간·일일 구별 없이 같은 메커니즘, 같은 프로세스를 가진다. 단지 기간이 나뉘고 목표의 크기가 달라질 뿐이다.

책임목표는 직접 실행하든지

위임해서 실행하든지

실행의 결과에 대해 본인이 책임지는 목표다.

흔히 조직에서 말하는

성과평가의 대상이 되는 목표가

바로 책임목표다.

업무계획서 말고 성과기획서

연간 성과목표를 설정하고, 달성전략을 수립하고, 필요자원을 산정하는 이유는 무엇일까? 전략실행에 예상리스크요인으로 작용할 수 있는 외부환경요인과 내부역량요인을 찾아내고, 전략실행에 필요한 인력이나 예산, 시간의 규모를 파악하기 위해서다.

　연간 성과목표와 달성전략을 실행하기 위한 업무추진계획, 액션플랜은 사실상 큰 의미가 없다. 액션플랜은 월간이나 주간 단위에서 의미가 있다. 연간 성과목표를 달성하기 위해서 월간이나 주간 단위로 해야 할 일을 일정별로 관리하는 것도 연간 성과목표를 달성하는 데 그다지 핵심적인 인과관계를 가지지는 않는다.

흔히 월간이나 주간 단위로 할 일이나 일정을 관리하고 의사소통하는 문서를 '월간 업무계획서', '주간 업무계획서'라고 부른다. 월간이나 주간 단위로 해야 할 일의 기준은 연간 단위의 최종 성과목표보다는 월간 성과목표와 주간 성과목표를 기준으로 삼는 것이 훨씬 더 실질적이고 바람직하다. '업무계획'이라는 말 자체가 '일정별로 해야 할 일의 순서를 정하는 것'이라는 의미가 있기 때문에 '성과기획'으로 변경하는 것이 바람직하다. '성과를 기획한다'는 것은 '최종 성과와 연계된 기간별 성과를 창출하기 위해 기간별 과제와 목표를 결정하고 달성전략과 필요한 자원을 의사결정 하는 것'을 말한다.

월간, 주간 성과기획서의 구성요소

'언제까지 무엇을 어떻게 실행할 것인가?' 하는 실행계획을 수립하고 일하는 것은 대부분 잘하고 있다. 따로 설명하지 않아도 기간별 과제와 마감 일정을 정하고 세부 추진계획을 세워 잘 실천하고 있다는 뜻이다. 물론 과제와 마감

일정, 추진계획도 중요하다. 하지만 여기에 더해서 과제수행의 결과물인 성과목표와 성과목표를 달성하기 위한 인과적 달성전략이 반드시 함께 가야 한다.

게다가 주 52시간 근로제가 시행되면서 주 40시간 이내에서 전략적으로 시간을 관리하는 것이 중요한 이슈로 떠오르고 있다. 때문에 예전에는 업무완료 일정관리가 중요했지만, 이제는 40시간이라는 한정된 범위 안에서 과제수행의 결과물을 산출해야 하기 때문에 전략적으로 시간을 어떻게 배정할 것인지의 문제를 사전에 의사결정해야 한다.

월간, 주간 성과기획서는 크게 프리뷰 단계와 리뷰 단계로 나눌 수 있다. 프리뷰 단계는 핵심과제, 원하는 결과물(성과목표), 완료일정, 예상소요시간, 성과목표 달성전략, 일정별 액션플랜으로 구성된다. 리뷰 단계는 성과평가와 개선과제 도출, 만회대책 수립으로 구성된다.

프리뷰 단계

핵심과제는 역량을 가장 많이 쏟아부어야 할 우선과제를 말한다. 해당 기간에 연간 성과목표 달성이나 상위조직의 목표달성에 기여하기 위해 해결해야 할 가장 중요한 과제다. 조직이나 개인마다 차이가 있겠지만 대개 5개 내외로 설정하는 것이 좋다.

핵심과제를 선택하고 나면 핵심과제의 현황파악을 통해 해당 기간 내에 이루어내야 할 결과물, 성과목표를 구체화해야 한다. 월간이나 주간 단위의 기간에 과제수행을 통해 이루어야 할 결과물은 대부분 과정결과물의 형태가 많을 수밖에 없다. 때문에 월간 성과목표나 주간 성과목표는 상태적 목표의 형태로 세부구성요소를 표현해주는 것이 좋다. 성과목표를 설정하고 나면 완료일정과 상태적 성과목표의 구체적인 내용을 감안해 예상소요시간을 산출해야 한다. 성과목표를 달성하는 전제조건인 완료일정과 예상소요시간이 결정되고 나면 기대 목표수준과 현재 상태를 객관적으로 비교해 차이를 규명하고 성과목표 달성전략을 수립한다.

이때 월간 성과목표 달성전략의 경우에는 전략을 실행하는 데 통제 불가능한 예상리스크요인을 도출하여 대응방안을 수립할 수 있으면 하는 게 좋다. 주간 성과기획서는 성과목표 달성전략이라기보다 주간 성과목표를 달성하는 데 부정적인 이슈로 작용할 만한 요소를 도출하고 대응방안을

수립하면 된다. 성과목표 달성전략을 수립하고 나면 월간
은 주간별로, 주간은 요일별로, 일정별 주요 추진계획을 액
션플랜에 담아내면 된다.

리뷰 단계

실행을 하고 나면 목표한 대로 성과를 창출했는지 성과
평가를 해야 한다. 성과평가를 할 때는 전략평가와 프로세
스평가를 같이 시행해야 달성 혹은 미달성 원인을 제대로
찾아낼 수 있다. 성과평가와 전략평가, 프로세스평가의 목
적은 개선과제 도출과 만회대책 수립이다.

[표3] 월간 및 주간 성과 프리뷰

핵심과제	원하는 결과물 (성과목표조건도)	완료일정	예상소요시간	성과목표 달성전략 & 예상리스크 대응방안	기간별 액션플랜
이번 달, 이번 주에 가장 우선적으로 해야 할 과제를 주 40시간 규모를 고려하여 선정한다. 선행과제, 당기과제, 개선과제, 협업과제 를 업무에 두고 작성 한다.	과제를 완료했을 때 기대하는 결과물을 아주 구체적으로, 세 부내역 중심으로 명 시한다. 이때 결과물 에 대한 품질기준 소요예산을 기재할 수 있으면 기재한다. 예를 들어, 보고서 작 성이라고 한다면 보 고서가 완료되었을 때 포함되어야 할 내 용이 함목들어가야 할 내용의 형태로 묘사한 다.(대략묘사 대신 명사 로 표현).	원하는 결과물을 언 제까지 완료해야 하 는지 마감 일정을 구 체적으로 기입한다.	원하는 결과물을 완 료하는 데 필요한 예 상소요시간과 함께 성과목표를 달성하기 위해 공략해야 할 때 상태인과 공략방법을 적는다. 인과적 달성 전략을 업무에 둔다.	완료일정 안에 예상 소요시간을 지키면서 성과목표를 달성하기 위해 공략해야 할 때 상태인과 공략방법을 적는다. 인과적 달성 전략을 업무에 둔다. 전략을 실행하는 데 통제 불가능한 예상 리스크요인으로 작용 할 수 있는 외부환경 요소나 내부역량요소 를 도출하고 대응방 안을 적는다.	기간별 성과목표를 달성하기 위해 추진 이나 요일별로 세부 추진계획을 수립한 다.

PART 2 성과관리 5단계 프로세스

일일 성과관리가 연간 성과목표 달성 좌우한다

일을 통해 성취와 만족을 느끼는 순간이 있었다면 어떤 순간을 꼽을 수 있을까? 원하던 결과물을 손에 쥐었을 때가 아닐까? 그때의 희열은 이루 말할 수 없다. 그런데 우리는 이런 희열을 보통 연말에만 몰아서 즐기는 것 같다. 평상시에는 긴장의 끈을 놓고 있다가 연말이 다가오면 어떤 성과가 나올지 조마조마한 심정으로 기다린다. 그보다는 일일 단위로 목표를 세우고 매일 작은 성취감을 느껴가며 연말의 성과를 기대하는 것이 합리적이지 않을까?

한 해의 성과는 오늘 하루에서 시작한다. 하루를 의미 있고 뿌듯하게 보내는 가장 기본적인 힘은 '일일 목표'에서

나온다. 목표가 있는 사람은 하루라는 시간을 발전과 성장의 기회로 삼는다(일일 성과관리에 대한 내용은 필저《완벽한 하루》에 자세히 나온다).

오늘은 연간 성과목표에 얼마나 가까워졌을까?

자신에게 맡겨진 일을 모두 실수 없이 처리했다고 해서 성과목표가 달성되고 있는 것일까? 열심히 실행한 것은 맞지만 성과목표와 관련된 일을 했다고 자신 있게 대답하기는 쉽지 않다. 사실 우리는 오늘 무엇을 해야 할까를 생각하기는 쉬워도, 하고자 하는 일의 목표를 세우고 하루를 시작하는 것은 별로 익숙하지 않다. 목표를 세우기에 하루라는 단위는 너무 짧고, 매일 반복하는 익숙한 일에 군이 목표를 설정할 필요가 없다고 생각하기 때문이다. 그래서 일일목표를 세우더라도 자신이 맡은 업무의 일정에 맞춰 단순하게 작성한다. 이렇게 되면 기획과 실행의 인과관계가 약해지기 쉽다.

일일목표를 세운다는 것은, 일상적인 업무추진계획에 따라 단순히 일정별로 할 일을 나누는 것이 아니다. 월간이나 주간 단위의 목표를 달성하기 위해 선행적으로, 인과적으로 해야 할 일을 추진하는 것이다. 일일목표를 세우고 업무에 적용하는 프로세스는 다음과 같이 4단계로 이루어진다.

1. 일일 핵심과제와 성과목표 정하기

첫째, 오늘 가장 우선적으로 해야 할 일인 핵심과제를 선정하고 오늘 원하는 결과물을 일일 성과목표로 구체화한다. 일일 핵심과제와 성과목표는 연간·월간·주간 성과목표를 달성하기 위해 가장 우선적으로 실행해야 할 과제와 달성해야 할 목표를 하루 단위로 설정한 것이다. 일일 성과목표도 객관화된 상태적 목표의 형태로 표현해야만 구체적으로 완수할 결과물이 무엇인지 명확하게 보인다. 일일 성과목표를 통해 목표를 세분화하면 타깃이 명확해져 구체적인 실행방법을 수립할 수 있고, 실수 없이 해야 할 일을 챙기는 데 큰 도움이 된다.

2. 완료시점과 예상소요시간 정하기

둘째, 과제와 목표를 언제까지 완료해야 하는지 어느 정도의 시간이 소요될 것인지 정한다. 과제와 목표의 완료시간과 예상소요시간은 원하는 결과물의 구체성에 의해 결정된다.

3. 이슈와 대응방안 수립하기

셋째, 원하는 결과물을 창출하는 데 부정적인 영향을 미칠 이슈를 파악하고 대응방안을 수립한다. 특별한 이슈가 없으면 원하는 결과물의 기준대로 실행하면 된다.

4. 과제별, 목표별 리뷰하기

넷째, 실행하고 나서 과제와 목표별로 리뷰한다. 과제를 마친 후에는 아침에 세운 성과목표를 달성했는지 확인하고, 실행과정에 문제가 없었는지 리뷰한다. 이 과정에서 성공하거나 실패한 부분을 확인했으면, 거기서 학습 포인트를 찾을 수 있다. 가장 좋은 방법은 과제별, 목표별로 실행한 액티비티activity 형태로 나누고, 소요시간도 함께 기록하는 것이다. 목표와 실제 행동 사이에 발생한 특이점도 기록한다. 액티비티 중심으로 리뷰하는 습관은 차후 자기계발 계획을 세우는 데도 큰 도움이 된다. 혹시 달성하지 못한 목표가 있다면 원인을 분석하고 만회할 대책을 세워둔다.

일하는 방식을 바꾸는 것은 거창한 게 아니다. 오늘 하루 단위부터 바꾸면 된다. 매일 자신을 돌아보는 짧은 여유를 갖는 것, 그것이 바로 성장을 돕는 좋은 습관이다. 성장하는 삶을 위해서는 성찰하고 반성하는 프로세스가 핵심이다.

'오늘'은 성과를 내기 위한 마지막 기회다. 오늘 반드시 달성할 목표를 이루지 못한다면 내일로 미뤄진다. 미루고 또 미루는 것이 반복되면 연간 성과목표는 그저 꿈이 되어 버리고 말 것이다.

[표4] 일일 성과 모니터링과 리뷰

핵심과제	원하는 결과물	완료시간	예상소요시간	이슈 및 대응방안	리뷰
이번 달, 이번 주 목표 달성을 위해 오늘 가장 우선적으로 실행해야할 핵심과제(3개 내외, 5~6시간 분량)를 도출하여 적는다.	오늘 과제수행을 하고 나서 오늘 중으로 원하는 결과물을 찾 급적 구체적으로 적 는다.	과제를 실행하여 원 하는 결과물을 몇 시 까지 완료해야 하는 지 적는다.	원하는 결과물을 얻 는 데 걸리는 예상 소 요시간을 구체적으로 적는다. 하루는 8시간밖에 없 기 때문에 전략적으 로 우선순위를 정하 여 배분해야 한다.	원하는 결과물을 얻 는 데 부정적인 영향 을 미칠 수 있는 점정 이나 이슈사항을 도 출하고 대응방안을 적는다. 업무수행과정에서 업 무처리결과는 적지 않도록 한다.	과제가 완료될 때마 다 원하는 결과물이 이루어졌는지 그렇지 않다면 왜 그런지 실 행방법의 문제가 무 엇인지 적고 개선과 제와 만회대책을 적 는다.

PART 2 성과관리 5단계 프로세스

조직에서 가장 확보하기 어려운 자원은
바로 '시간'이다.
사람이나 자금은 부족하면 빌려올 수 있지만,
시간은 모아둘 수 없고 흘러가버려
두 번 다시 확보할 수 없다.
시간은 바로 나 자신이 효율적으로 사용할 때
가장 의미가 있다.

기간별 과정 성과평가와 피드백

일을 하다 보면 같은 부분에서 실패나 실수가 반복된다는 것을 느낄 때가 있다. 문제라는 것을 알면서도 결과물 전체를 뒤흔들 만한 요소가 아닌 이상 그냥 넘어간다. 우등생들이 오답노트를 쓰듯이 문제점을 파악하고 개선해야 한다는 건 누구나 안다. 하지만 바쁜 일상 속에서 업무가 끝날 때마다 꼼꼼히 평가하고 분석한다는 게 현실적으로 불가능하다고 생각한다. 그렇다면 어떻게 해야 반복적인 실패를 막을 수 있을까? 최선의 방법은 일을 완료하고 나서 주기적으로 꼼꼼하게 결과를 평가하는 것이다.

구체적인 데이터를 바탕으로 한 주기적인 평가의 필요성

그러나 현실은 연말에 딱 한 번, 1년을 돌아보는 수준의 성과평가나 결과평가가 고작이다. 1년에 한 번씩 성과평가를 하면 조직이든 개인이든 성과평가를 위한 근거자료가 부족해서 객관적으로 평가할 수 있는 것이 별로 없다. 객관적인 데이터 분석이 제대로 이뤄지지 않으니 얻을 만한 시사점도 없다. 그래서 대부분 '성과평가'라 쓰고 '결과평가'의 형태를 취하는 것이다. 전반적인 흐름이나 큰 틀에서 결론을 낼 수는 있겠지만, 성과가 좋든 나쁘든 치밀한 데이터가 뒷받침된 논리적인 분석이나 시행착오를 통해 배울 점 같은 것은 얻기 어렵다.

성과평가의 목적은 개선과제 도출이다. 목표에 비해 성과에 차이가 발생했을 때, 그 원인을 분석하고 만회대책을 수립하며 혁신하고 개선해야 할 과제를 도출하는 것이다. 때문에 성과평가는 과제가 종결될 때마다 원하는 성과가 창출되었는지 비교, 분석하는 것이 정석이다. 매번 수행하는 과제 혹은 프로젝트마다 처음 기획한 대로 성과가 나왔는지, 만약 성과가 달성되지 않았다면 그 이유가 무엇인지를 분석하여 개선할 과제를 찾아내야 한다. 과제를 찾는 기준은 직관이나 경험이 아니다. 주기적인 데이터 분석이다.

정기적으로 데이터를 축적해놓지 않으면 개선과제를 도출해낼 수가 없다. 현업에서 데이터를 관리하고 개선과제를 도출하는 최소한의 기간은 월간이다. 월간 단위의 리뷰가 제대로 이루어지기 위해서는 주간 단위 성과평가, 과제 단위의 상시적인 성과평가가 전제조건이다. 주간 성과평가도 마찬가지다. 상시적으로 일일 단위의 성과평가가 선행되어야 한다. 이번 달에 성과목표를 달성하기 위해 기획하고 계획한 일들이 있다면, 기간별 또는 과제별로 완료되는 시점마다 성과평가를 해놓아야 한다. 월간 단위에서는 성과평가 · 전략평가 · 프로세스평가 그리고 개선과제 도출과 만회대책을 수립하는 것이 기본 프로세스다.

월간 성과평가

월간 성과평가는 이번 달에 약속했던 성과를 실제로 달성해냈는지를 평가하는 것으로, 성과목표 대비 실제 결과물을 비교하여 달성되었느냐를 평가한다. 일반적인 조직에

매번 수행하는 과제 혹은 프로젝트마다

처음 기획한 대로 성과가 나왔는지,

만약 성과가 달성되지 않았다면

그 이유가 무엇인지를 분석하여

개선할 과제를 찾아내야 한다.

과제를 찾는 기준은 직관이나 경험이 아니다.

주기적인 데이터 분석이다.

서는 대체로 성과평가 정도까지만 진행되는 편인데 그마저도 대부분 결과평가 방식을 취하고 있는 것이 현실이다.

월간 전략평가와 프로세스평가

월간 전략평가는 이번 달에 실행하기로 기획했던 전략이 월간 성과목표 달성에 실질적으로 얼마나 기여했는가를 평가하는 것이다. 이는 전략과 성과목표 달성이 어느 정도 인과관계가 있었는지를 규명하는 작업이다. 실행과정에서 전략이 A에서 B로 변경되었다면 왜 그랬는지 그 이유를 확인하고, 바뀐 B전략이 그럴 만한 가치가 있었는지를 분석한다. 또 계획을 세울 때 고려하지 못한 외부환경요인과 내부역량요인을 분석해보고 다음번 성과목표 달성전략을 수립할 때 반영한다.

프로세스평가는 핵심과제와 성과목표, 달성전략, 액션플랜, 캐스케이딩이 기준에 따라 제대로 설정되고 수립되어 실행되었는지를 평가하는 것이다.

개선과제 도출과 만회대책 수립

성과평가와 전략평가, 프로세스평가를 통해 개선과제를 도출해야 한다. 원하는 성과를 창출하기 위해서는 어떤 고정변수와 변동변수를 제대로 공략해야 할 것인지, 어떤 외부환경요인과 내부역량요인을 고려해야 하는지, 일을 추진하는 프로세스를 어떻게 개선해야 하는지 등이다. 개선과제 중에는 다음 달에 곧바로 적용시킬 수 있는 것도 있고, 여러 달에 걸쳐서 개선책을 실행해야 할 것도 있을 것이다.

만회대책 수립은 미달성한 성과 부분에 대해 어떻게 만회할 것인지 기획하고 계획하는 것이다. 이번 달에 달성하기로 했던 성과목표를 달성하지 못했다면, 달성하지 못한 만큼 다음 달에 이를 어떻게 만회할 것인가? 만일 다음 달이 어렵다면 좀 더 장기적으로 조금씩 나눠 만회해 나가야 할 것인가? 이런 질문을 던지며 외부환경과 상위조직의 상황, 내부역량을 고려해서 만회할 방법을 찾아야 한다.

이때 원하는 결과물에 영향을 미치는 대상을 어떻게 공략할 것인지, 그와 관련된 외부환경요인과 내부역량요인을 도출하여 미달성 목표를 만회하도록 대응방안을 수립하는 것이 중요하다. 실행하기로 기획하고 계획했던 일에 대해 구체적인 요인별로 세분화해 깊이 분석을 하지 않고서는 그 문제를 근본적으로 해결해나갈 수 없다.

미달성한 목표도 내가 세운 목표다. 이번 달에는 어떤 요인으로 인해 미달성했을 뿐이지, 언젠가는 책임지고 달성해야 하는 나의 목표다. 예를 들어 '한 달 동안 50km 걷기'를 목표로 세웠다고 치자. 원래는 하루에 2km씩 걸으려는 계획이었다. 그런데 오늘 바빠서 1km를 걸었다면, 내일은 1km를 더 걸어야 한다. 내일도 오늘처럼 시간이 없다면 걷기에서 뛰기로 바꿔야 할 수도 있다.

오늘 목표를 달성하지 못했다면 내일은 더 많은 것을 이뤄내야 한다. 우리는 대개 연간 사업계획 혹은 장기적인 프로젝트를 완성하기 위해 매일, 매주 일을 한다. 그러니 연간 성과목표라는 장기레이스를 무사히 마치기 위해서는 반드시 최소한 월간 단위라도 꼼꼼히 리뷰하고 미달성한 부분에 대해서는 만회대책을 수립해야 한다.

[표5] 월간, 주간 성과 리뷰

성과평가 (원하는 결과물과 실제 결과물 비교 평가)	개선과제 도출	만회대책 수립
이번 달 초, 이번 주 초에 작성한 성과목표와 이번 달 말, 이번 주 말에 달성된 실제 결과물을 비교, 분석하여 차이가 얼마나 나는지 원인이 무엇인지 작성한다.	성과평가를 통해 도출된 원인에 대해 언제까지 어떤 개선목표를 가지고 실행할 것인지 적는다.	성과평가를 통해 분석된 미달성 목표를 다음 주, 다음 달 혹은 올해 안에 몇 개월 후까지 만회할 것인지 구체적으로 적는다.

5단계 : 성과평가와 피드백

'마무리 짓는다'는 것은 무엇을 의미할까? 일에서 마무리를 짓고 끝을 낸다는 것은 어디까지를 말하는 것일까? 여러분이 업무를 실행하여 결과물을 만들었을 때, 그 결과물을 요청한 사람에게 넘겼을 때, 그 결과물을 요청한 사람에게 "잘했다."는 평가를 받았을 때 등 여러 가지가 떠오를 것이다. 이처럼 '일의 마무리'에 대해 사람마다 생각하는 모습이나 범위가 다를 수는 있어도 '하던 일을 끝맺는다'는 뜻에서 크게 벗어나지는 않는다.

그런데 완벽하게 일을 마무리 지었다고 말하려면, 여기에 추가해야 할 단계가 하나 더 있다. 스스로 끝낸 일에 대해 품질을 평가하고 피드백하는 것이다. 내 손에서 일이 떠나면 1차적인 마무리는 된 셈이다. 하지만 제대로 된 마무리는 일이 끝난 후, 성과평가와 피드백을 통해 개선사항을 도출하는 것까지다.

리뷰와 프리뷰의 조화

컨설팅이나 코칭을 위해 많은 조직에 가보면 공통점이 있다. 구성원 대부분이 프리뷰 중에서도 목표를 설정하는 부분은 그나마 열심히 한다. 하지만 전략을 고민하거나 예상 리스크에 대한 대응방안을 마련하는 일에는 아직 그다지 진지하게 고민하지 않는다. 하물며 과제가 끝나고 나서 리뷰하는 활동은 일상적인 업무활동으로 생각하지 않는 경우가 대부분이다. 제도로 정해져 있는 것도 아니고 옆에서 누가 꼭 해보라고 권유하지도 않기 때문이다.

인식의 수준이 그러하다 보니 업무가 완료되고 나면 그냥 그걸로 끝이라고들 대부분 생각한다. 그래서 성과를 평가하고 원인을 분석하는 일에는 거의 시간을 쓰지 않는다. 만족할 만큼의 성과가 나와서, 시간이 없어서, 일이 끝나면 쉬고 싶어서, 리뷰하는 요령을 잘 몰라서 등 리뷰를 실천하지 않는 이유는 다양하다. 때로는 개인시간을 쪼개 써가며 열심히 추진했던 일의 결과가 좋지 않을 때, '내가 이러려고 그 고생을 했나' 하는 배신감과 서운함에 지나간 일을 굳이 돌이켜 생각하고 싶지 않아서 그런 경우도 있다.

리뷰는 다음의 성과창출을 위한 필수코스

'리뷰'는 처음에 세웠던 성과목표에 대비하여 어느 정도 달성했는지, 만약 부족했다면 그 원인이 무엇인지 분석해보고 개선해야 할 과제를 찾는 활동이다. 무엇보다 리뷰의 가장 중요한 목적은 성과평가를 통해 부족한 부분에 대해 만회대책을 수립하고, 혁신하고 개선해야 할 과제를 도출하는 일이라 할 수 있다. 리뷰는 성과평가, 전략평가, 프로세스평가의 3가지로 나눌 수 있다.

실행을 하고 나면 가장 먼저 사전에 목표한 대로 성과가 창출되었는지 성과평가를 해야 한다. 성과평가를 할 때는 결과평가 방식을 경계해야 한다. 결과평가란 드러난 결과만으로 잘했다 못했다를 평가하는 것이다. 성과평가 방식은 다르다. 사전에 설정한 성과목표와 실제 달성된 결과물을 객관적으로 비교하여 차이를 규명하고 차이에 대한 원인을 찾아내는 것을 말한다.

성과평가를 할 때는 전략평가와 프로세스평가를 같이 해야만 성과달성 혹은 미달성에 대한 원인을 제대로 찾아낼 수 있다. 여기서 전략평가란 성과목표를 달성하기 위해 사전에 기획한 전략과 실제 실행한 전략의 차이를 비교, 분석하여 이유가 무엇인지 찾아내는 것이다. 프로세스평가란 프리뷰 단계의 각 과정을 기준에 맞게 제대로 실행했는지를 평가하여 성과창출에 영향을 미친 요인을 찾아내는 것을 말한다.

성과평가와 전략평가, 프로세스평가의 목적은 개선과제 도출과 만회대책 수립이다. 개선과제도출이란 성과미달성의 원인을 파악하여 다음번 성과창출에 반복적으로 영향을 미치지 않도록 하기 위하여 개선과제를 도출하고 과제수행의 결과물과 완료일정을 정하는 것이다.

만회대책 수립이란 미달성한 성과를 다음 달 혹은 다음 주에 언제까지 어떻게 만회할 것인지 일정계획을 세우는 것을 말한다. 목표의 특성에 따라서 만회대책이 필요 없는 경우도 있다.

평가는 성과평가와 전략평가와 프로세스평가

'성과평가'는 목표 대비 성과를 평가하고, '전략평가'는 기획한 전략과 실제 실행한 전략을 평가하고, '프로세스평가'는 성과창출 프로세스대로 실행했는지를 평가하는 것이다.

아쉬운 것은, 일반적으로 '성과평가'가 아닌 목표 대비 실적을 확인하는 '결과평가' 정도에 그친다는 점이다. 결과를 확인했다고 해서 일이 마무리되는 것은 아니다. 중요한 것은 애초에 원했던 의도와 목적이 제대로 결과에 반영되었는지, 마감기한은 지켜졌는지, 수립하고 기획한 전략에 맞게 일이 잘 진행되었는지에 대해 스스로 엄격하게 평가하는 전략평가다. 전략평가가 제대로 이루어지지 않으면 앞으로 반복적인 성과달성은 어렵다. 또한 일회성 성과가 되지 않으려면 성과창출 프로세스를 준수하는 것이 필요하다. 특히 핵심과제 도출과 성과목표 설정, 인과적인 전략수

립, 예상리스크요인에 대한 대응방안은 여러 프로세스 중에서도 가장 중요한 프로세스다

또 여기에는 여러분 자신의 피드백뿐 아니라, 리더의 피드백이 뒤따라야 한다. 타인의 피드백은 자신을 객관적으로 돌아볼 좋은 기회다. 개인적인 차원의 자기평가는 스스로 해보는 평가이기 때문에 누구나 자기 입장에서 얼마나 열심히 노력했는지를 기준으로 판단하기 쉽다. 하지만 리더의 피드백을 들어보면 실제로 리더가 무엇을 원했었는지 알 수 있고, 이것은 곧 다음 성과를 책임질 핵심열쇠다.

'어떤 능력과 역량을 더 키우고 보강할 것인가'에 대해서도 스스로가 느끼는 부족함이 리더의 인식과 다를 수 있다. 여러분은 A라는 역량이 부족하다고 생각하여 열심히 자기계발하고 있었는데, 리더는 B역량을 키우길 바랄 수도 있다는 말이다. 이처럼 피드백은 일에 대한, 그리고 앞으로 자신이 어떻게 성장하면 좋을지에 대한 리더의 니즈와 원츠를 파악할 수 있는 소중한 기회다. 어떤 핑계를 대더라도 성과평가와 피드백을 하지 않는 것은 정당화될 수 없다. 성과평가와 피드백 과정을 제대로 거쳤는지 아닌지는, 여러분이 다음번 프로젝트에서 거두는 성과가 명명백백히 증명해줄 것이다.

성과평가와 피드백:
지속적인 성과창출을 위한 역량향상의 열쇠

우리가 일하는 이유는 원하는 성과를 얻기 위해서다. 우리는 성과를 얻기 위해 정해진 기간 내에 수행해야 할 역할이 있고, 그 역할에 맞게 행동함으로써 책임져야 할 성과가 있다. 요즘 조직에서 개인의 업무 전문성은 3~5년 전과 많이 다르다. 연차가 높아질수록 책임져야 할 성과의 범위와 수준도 더 넓어지고 높아진다. 이러한 상황에서 성과를 지속적으로 창출해내려면 무엇보다 필요한 능력과 역량을 갖춰야 한다. 꾸준히 성과를 만들어낸다는 것은 곧 그만큼 역량이 축적되어 가고 있다는 뜻이다.

역량은 어떻게 커나가는 것일까? 역량의 축적은 성과평가와 피드백이 결정한다. 축적된 역량으로 더 높은 수준의 성과목표에 도전하게 되고 과거와는 다른 성과를 만들어낼수 있다. 1년 전에 만들어낸 결과물보다 오늘의 결과물이 더 가치 있고 의미 있어야 한다.

사실 성과평가와 피드백은 우리에게 낯설지 않다. 1년에 적어도 1회 이상은 조직에서, 리더가 시키니까 억지로라도

[표6] 연간, 반기 성과 리뷰

성과목표	성과평가			자기평가(실행자 기재)		피드백(리더 기재)	
	달성성과	갭	원인	개선과제	만회대책	개선과제	만회대책
연초에 합의한 성과를 표에 적는다. 중간에 변경했으면 변경목표를 적는다.	객관적인 달성 결과물, 수치를 적는다.	성과목표와 달성성과의 차이를 적는다. 초과했으면 초과한 대로, 미달했다면 미달한 대로 적는다.	성과초과나 성과미달성의 원인을 분석해서 찾아낸다. 문제를 원인으로 적지 않도록 주의한다.	원인을 해결하기 위한 개선과제를 적고 개선 실행안을 일정으로 적는다.	성과미달성 부분에 대해 언제까지 만회할 것인지 적는다.	실행자가 작성한 성과미달성 원인과, 개선과제를 바탕으로 지 작성한 내용을 바탕으로 리더가 기준에 대해 코칭기반의 지도한 것을 활용하여 개선과제를 확정된 개선안을 일정과 함께 재검토하여 검증한다.	실행자가 작성한 성과미달성 원인과, 개선과제를 바탕으로 지 작성한 내용을 바탕으로 리더가 기준에 대해 코칭기반의 지도한 것을 활용하여 확정된 만회대책을 일정과 함께 적는다.

해왔다. 하지만 이제는 자발적으로 개인적인 차원에서도 주요 과제나 프로젝트가 끝날 때마다 성과평가를 시행해야 한다. 매월 축적된 성과평가와 피드백 데이터는 역량축적의 근간이 될 뿐만 아니라 연말 성과평가 때 리더와 객관적으로 소통할 수 있는 근거자료가 된다.

역량은 어떻게 커나가는 것일까?

역량의 축적은 성과평가와 피드백이 결정한다.

축적된 역량으로 더 높은 수준의 성과목표에 도전하게 되고

과거와는 다른 성과를 만들어낼 수 있다.

1년 전에 만들어낸 결과물보다

오늘의 결과물이 더 가치 있고 의미 있어야 한다.

성과평가, 전략평가, 프로세스평가

조직에서 제도적으로 실시하는 성과평가는 반기나 연간 단위인 경우가 많다. 최근에는 상시평가나 수시평가도 많은 조직에서 도입해 실행하고 있지만, 인사평가의 관점에서 성과평가와 역량평가의 결과자료는 승진이나 성과급, 차등 인센티브의 기준으로 활용될 것이기 때문에 공정성 유지가 매우 중요하다. 특히 최근에는 구성원 중 소위 MZ세대의 비율이 높아지면서 공정성에 대한 문제는 사회적인 이슈로 자주 떠오른다.

예전에는 주로 연공서열에 따라 승진이나 보상이 이루어졌다면 이제는 그러한 관행에 근본적인 제동이 걸리고 있다. 인사평가의 공정성 문제는 대단히 중요한 이슈이기 때문에 기준 공정성, 절차 공정성, 평가자 공정성의 3가지 측면의 문제를 제대로 해결하지 못하면 구성원들로부터 신뢰를 얻기 힘들다.

기준 공정성은 평가기준의 신뢰성과 타당성, 납득성에 의해 결정된다. 신뢰성이란 기준이 측정 가능하고 예측 가능한가다. 타당성이란 변별력에 대한 문제인데 상위조직에 기여하는 인과적 선행기준이 있는가 여부와 기준이 얼마나 목적 지향적이고 가치 지향적인가이다. 납득성이란 평가기준을 충족하기 위해 평가대상자가 실행방법을 의사결정할 수 있는가다.

성과평가 : 설정한 성과목표와 실제 성과와의 차이를 분석

일을 시작하기 전에 설정했던 상태적 목표, 즉 성과목표 조감도의 세부내역을 중심으로 어떤 부분이 달성되었고 어떤 부분이 미달성되었는지를 비교, 분석한다. 즉, 자신이 목표한 바와 실제 달성된 결과물 사이에 어느 부분에서 얼마만큼의 차이가 발생했는지를 객관적인 사실 중심으로, 구체적으로 파악해야 한다는 의미다.

성과목표가 미달성되어 목표와 결과물 사이의 갭이 파악되었다면, 그러한 차이가 왜 발생했는지 원인을 찾아야 한다. 궁극적인 원인을 분석해보면 결국 내부역량으로 귀결되는 경우가 많다. 리더의 성과코칭 역량, 실무자들의 직무수행 능력, 전략실행 역량, 내부자원의 결핍 등 크게 4가지로 나눠볼 수 있다. 특히 리더와 실무자들의 능력과 역량에 대한 부분은 개선과제로 연결해 구체적으로 향상시키지 않으면 반복적인 성과미달성의 원인이 될 가능성이 높다.

목표했던 것보다 더 좋은 성과를 얻은 경우에도 무엇이 원인이었는지를 분석해봐야 한다. 그저 운이 좋았는지, 실행력이나 전략이 뛰어나서였는지를 파악한다. 우연히 좋은 성과가 나왔다면 다음에는 그렇지 않을 확률이 더 크므로 성공에 대한 기쁨이나 자만보다는 경각심을 가져야 한다.

전략평가 : 기획한 전략과 실행한 전략 간의 차이를 분석

많은 기업과 기관에서 성과평가를 한다고 하지만, 실제로 내용을 자세히 들여다보면 대부분은 결과평가 방식의 업적평가 수준에 머무는 것이 현실이다. 하물며 전략평가를 제대로 하는 조직은 정말 찾아보기 힘들다. 평가의 가장 큰 목적은, 다음번에 비슷한 실수와 실패를 반복하지 않기 위함이다.

그런데 단순히 결과만 평가한다든지, 앞에서 알아본 성과평가에만 그쳐서는 성과미달성의 근본적인 원인을 찾아내기 어렵다. 그리고 부족한 능력과 역량이 무엇인지도 알아내기 어렵다. 그래서 성과평가를 하고 난 다음에 반드시 전략평가를 해야 한다.

전략평가란 성과목표를 달성하기 위해서 수립한 전략과 실제 실행한 전략을 비교, 분석하여 과연 애초에 수립한 전략이 성과목표 달성에 효과가 있었는지, 전략이 달라졌다면 왜 그랬는지 이유를 분석해보는 것이다. 타깃을 잘못 선정한 것이 문제였는지, 공략방법에 문제가 있었는지를 돌아보며 평가한다. 그리고 이러한 타깃선정과 공략방법에 문제가 있었다면, 그리고 전략실행 과정에서 어떤 역량이 부족했다면, 그 역량을 어떻게 향상시킬 것인지에 대해서도 자기계발 계획을 수립한다.

전략평가에서 중요한 것은, 성과목표 달성에 결정적인

영향을 미친 조감도의 세부구성요소가 무엇인지, 그리고 외부환경요인과 내부역량요인을 제대로 도출했는지, 대응방안과 플랜B는 적절했는지를 분석하는 것이다.

리뷰 없는 프리뷰는 사상누각이다

성과평가와 전략평가를 제대로 하려면 먼저 무엇을 해야 할까? 성과목표를 달성하기 위해 실제 실행한 전략이 무엇이었는지, 달성된 과정 성과물이 무엇이었는지를 최소한 월간 단위로 최종결과물과 비교해가며 기록해야 한다. 성과평가는 가급적이면 하루에 한 번씩 하는 것이 좋고, 가능하면 핵심과제 중심으로 하면 가장 좋다. 매일 할 수 없다면 주간 단위로 객관적인 데이터를 수집하고 최소한 월간 단위로는 과정 성과평가를 축적해 놔야 한다. 시간이 한참 흐른 뒤에 반기나 연간 단위로 한꺼번에 평가하려고 하면 기억도 잘 나지 않을뿐더러 결과 중심으로 진행되기 때문에 진정한 의미의 성과평가가 진행되기 어렵다.

지속적이고 반복적인 성과창출을 위해서는 리뷰를 바탕으로 다시 프리뷰를 한다. 리뷰 없는 프리뷰는 사상누각이다. 프리뷰는 일을 하기 전에 성과목표조감도와 달성전략, 예상리스크요인 대응방안을 수립하는 기획단계가 핵심 중의 핵심이다.

'프리뷰'는 리뷰가 기반이 된 상태에서, 외부환경과 내부 역량 분석에 대해 가설을 세우고 결론을 이끌어내는 방법을 강구하고, 논리적인 가설로 설득력 있게 성과창출 과정을 준비하는 과정이다. 프리뷰는 성과목표의 신뢰성과 타당성, 납득성의 판단기준이 된다.

프로세스평가 :
체크리스트 형태로 역량의 구체적 근거 찾기

평가의 목적은 비슷한 실수를 다음에 반복하지 않고 능력과 역량을 향상시키기 위한 근거를 찾아내는 것이라고 여러 번 강조해서 말했다. 반기말이나 연말에 성과평가를 하면서 전략평가도 당연히 해야겠지만 또 하나 놓치지 말고 해야 할 평가 중 하나가 바로 프로세스평가다. 다른 말로 하면 성과창출 과정을 단계별로 제대로 준수했느냐를 기준과 비교하여 평가하는 것이다.

핵심과제 도출, 과제현황 파악, 상태적 성과목표 설정, 인과적 달성전략 수립, 예상리스크요인 대응방안수립, 기간별 액션플랜 수립, 캐스케이딩, 과정 성과평가와 피드백 등 각 프로세스 단계별로 올바른 기준을 구체화해 놓고 기준에 부합되게 실제 내용을 제대로 구현하고 실행했는지를 체크리스트 형태로 평가하는 것을 말한다. 프로세스평가를 하는 이유는 성과창출 역량을 평가할 때 구체적인 근거를 찾아내기 위한 것이다.

개선과제와 만회대책 수립

성과평가와 전략평가, 프로세스평가를 통해 미흡한 것이 무엇인지 원인이 무엇인지 분석이 되었다면 이제 개선과제를 도출해야 한다. 원하는 성과를 창출하기 위해서는 어떤 고정변수와 변동변수를 제대로 공략해야 할 것인지, 어떤 외부환경요인과 내부역량요인에 대한 대응방안을 제대로 수립하고 실행해야 할 것인지, 성과창출 프로세스를 어떻게 개선해야 할 것인지 등을 고려해야 한다. 다음 달에 곧바로 개선할 수 있는 것도 있고, 여러 달에 걸쳐서 천천히 실행해야 할 것도 있다. 개선과제를 도출할 때는 개선과제 자체만 도출하지 말고 개선과제에 대해 원하는 성과목표를 설정하고 완료일정까지 설정해두는 것이 좋다.

만회대책 수립은 미달성한 부분을 언제까지 어떻게 만회할 것인지 기획하고 계획을 세우는 것이다. 이번 반기에, 올해 달성하기로 했던 성과목표를 달성하지 못했다면 다음 반기에, 내년에 이를 어떻게 만회할 것인가? 만일 다음 기간이 어렵다면 좀 더 장기적으로 조금씩 만회를 해나가야 할 것인가? 이런 질문을 던지며 외부환경과 상위조직의 상황, 내부역량을 고려해서 미달성 부분을 만회할 방법을 찾아야 한다. 이때 원하는 결과물에 영향을 미치는 대상을 어떻게 공략할 것인지, 그와 관련된 환경요인과 역량요인을 도출하여 미달성 목표를 만회하도록 대응방안을 수립하는 것이 중요하다.

'성과평가'는 목표 대비 성과를 평가하고,

'전략평가'는 기획한 전략과 실제 실행한 전략을 평가하고,

'프로세스평가'는 성과창출 프로세스대로

실행했는지를 평가하는 것이다.

면담과 피드백은 '코칭'의 형태로

조직에서 리더의 위치에 있는 사람은 권한을 위임한 실무자에게 반드시 객관적이고 주기적인 피드백을 해야 할 필요가 있다. 피드백할 때는 티칭이나 훈수의 형태보다는 '코칭'의 형태로 실행하는 것이 효과적이다. 피드백은 리더 자신과 실무자 육성을 위한 가장 기본적인 교육훈련이다. 어떤 일이 끝날 때마다 하는 것이 제일 좋고 최소한 월간 단위로는 공식적인 피드백이 반드시 이루어져야 한다.

피드백을 하는 목적은, 자신이나 상대방이 일을 하면서 더 성장하고 보다 나은 성과를 창출하기를 바라기 때문이다. 피드백을 하기 위해서는 기본적으로 성과, 전략, 능력,

역량, 태도에 대해 평가해야 한다.

피드백에는 2가지 방식이 있다. 성과피드백 방식과 결과피드백 방식이다. 성과피드백은 사전에 합의한 기준과 달성된 결과를 비교, 분석해서 객관적인 의견을 전달하는 방식이다. 결과피드백은 업무와 행동의 결과를 바탕으로 주관적인 의견을 전달하는 방식이다. 시점은 단위업무가 끝나고 난 후다. 최소한 일일, 주간 단위로 개인적인 피드백을 가볍게 하는 것이 좋다. 월간 단위의 기간별 목표나 과제, 프로젝트의 최종결과물이 달성된 이후에는 조직적·공식적으로 피드백을 전달하는 것이 필요하다.

일을 시작하기 전에 성과목표와 인과적 전략에 대해 코칭하는 것을 피드포워드feedforward라고 한다. 우리가 자주 이야기하는 피드백feedback은 일을 완료하고 난 후 개선하고 만회해야 할 사항을 코칭하는 것이다. 결과를 가지고 야단쳐 봐야 소 잃고 외양간 고치기이자 사후약방문이다.

지금까지는 주로 일을 시작하기 전에 해야 할 일의 순서를 일정 중심으로 따지고, 일이 끝나고 나면 결과와 과정에 대해 전략적으로 따지곤 했다. 일하는 방식의 변화는 피드백 중심에서 피드포워드 중심으로 분석과 코칭의 중심축을 옮기는 것이 핵심이다. 피드포워드를 할 때 가장 중요하게 따져야 할 것은 상태적 성과목표, 인과적 달성전략, 예상리스크 대응방안이다.

일정별로 해야 할 일의 실행계획을 따질 때도 결과물을 고려해야 한다. 언제까지 무슨 일을 어떻게 할 것인지 꼼꼼하게 살피는 것도 중요하다. 하지만 그것보다 훨씬 더 중요한 것은 목표 수준과 현재 수준의 차이를 객관적으로 따져보고 타깃별 공략방법과 전략실행에 따른 예상리스크요인에 대한 선제적 대응방안을 따져보는 것이다.

일이 잘못된 원인을 분석해보면 예상치 못했던 외부환경 요소와 전략을 실행하기에 부족한 내부역량 때문인 경우가 많다. 열심히 노력하지 않아서 일이 잘못된 게 아니라는 뜻이다. 그런데도 일이 끝나고 나면 CEO나 리더들은 잘못된 결과에 대해 야단치고 질책하기만 한다. 그보다는 왜 일의 결과가 잘못되었는지 분석해보고 원인을 찾아 그 부분을 개선해야 한다.

또, 리더가 실무자에게 피드백할 때는 자신이 생각하는 일에 대한 기준이 아닌 단위 기간 동안 실무자들이 수행하는 역할과 책임의 기준을 평가와 피드백을 해야 한다. 객관적 사실 중심, 프로세스 중심, 피드백 대상자 중심으로 피드백을 해야 원하는 결과를 얻을 수 있다.

직장생활의 본질은 공동의 미션과 비전,
그리고 조직이 추구하는 성과를 창출하기 위해
조직과 개인이 각자에게 주어진 역할과 책임을 완수하는 것이다.
실무자든, 리더든 자기주도적인 실행을 위해서는
셀프질문과 경청이 기본이다.
질문의 핵심은 '개념'이고
경청의 핵심은 '기록'이다.

PART 3

성과관리를 잘하기 위한 팁

성과코칭

'코칭'이란, 잠재된 역량을 자극시켜 최대한 발휘하게 하는 인재육성 기법이다. 일반적으로 코칭이라고 하면 대개 피플코칭people coaching을 말한다. 피플코칭이란 상대방의 잠재역량을 자극해 행동으로 발현하도록 하기 위해 질문과 경청기법으로 촉진하는 활동을 말한다. 성과코칭은 좀 다르다. 대상자가 조직 내에서 자신의 역할과 책임의 기준을 깨닫고 성과창출을 극대화할 수 있도록 자극시켜주는 활동이다. 성과코칭의 대칭적 의미로는 '업무지시' 정도가 될 것 같다. 업무지시는 대개 윗사람이 아랫사람에게 해야 할 일을 지시하고 실행방법을 의사결정해주는 것을 말한다.

피플코칭과 성과코칭의 차이

성과코칭은 조직에서 흔히 사용하고 있는 인재육성 기법인 교육·멘토링·티칭·업무지시 등과는 차이가 있다. 기존의 기법들은 육성이 필요한 대상자들에게 지식·노하우·방법론 등을 전파하는 방식으로 기존의 지식과 스킬을 더욱 향상시키거나 새로운 것을 학습하도록 하는 활동이다.

반면 성과코칭은 직접적으로 리더의 경험과 지식과 스킬을 전수하는 것이 아니다. 자신이 책임져야 할 성과를 잘 창출할 수 있도록 리더가 원하는 성과는 무엇인지, 그 성과를 창출하기 위해 무엇을 어떻게 해야 하는지 스스로 깨달을 수 있도록 촉매역할을 해주는 활동이다.

티칭은 리더의 경험과 지식을 대상자에게 '가르치는 것'이고, 업무지시는 리더가 생각하는 실행방법을 대상자에게 '시키는 대로 하게 하는 것'이다. 성과코칭은 대상자가 책임져야 할 성과를 잘 창출할 수 있도록 리더로부터 '자극받는 것'이다. 성과코칭은 성과를 창출하기 위한 대상자의 역할과 책임, 실행방법에 대한 기준과 대상자의 생각을 리더가 객관적으로 검증하는 과정을 말한다.

성과코칭에 대한 일반적인 시각은 실적이나 성과가 부진한 구성원을 야단치고 질책하고 잘못을 깨닫게 하는 것을 성과코칭이라고 생각하는 경우가 많다. 구성원에게 해답을 주고 일일이 가르치는 것, 혹은 자신의 경험과 지식에 기반하여 일장 훈시나 설교를 하는 것이 올바른 성과코칭이라고 생각하는 경우도 있다. 그래서 성과코칭을 경쟁력 있는 활동, 생산적인 활동으로 보지 않는 경향이 짙다.

왜 성과코칭인가?

그런데 요즘 현업에서 실무를 담당하는 구성원의 대다수가 80년대 이후 출생한 소위 밀레니얼세대'와 90년대 중반

이후에 출생한 Z세대들이다. 이들이 기업에 입사하면서부터 조직에서도 변화가 시작되었다. 과거의 직장인들이 승진과 보상을 중요하게 생각했다면 이들 MZ세대는 일의 목적과 의미, 발전과 성장, 지속적인 소통을 중시한다. 이들은 과거의 방식대로 혼내고 가르치면서 따르도록 하는 것을 원하지 않는다. 자율성과 실행권한을 갖기를 원하고, 창의성을 발휘해 일할 수 있는 문화 속에서 스스로 깨닫기를 바란다. 이러한 MZ세대의 특성은 티칭이나 업무지시보다는 코칭기법이 훨씬 더 적합하다. 외부환경이 변화했고, 구성원도 달라졌으며 내부의 업무방식과 구조도 고도화되었다. 이는 성과코칭으로 이동할 수밖에 없는 필연적인 변화인 셈이다.

성과코칭을 해야 하는 보다 근본적인 이유는 다음의 2가지로 볼 수 있다. 첫째, 고객 중심의 환경으로 바뀌었다. 고객 접점에 있는 실무자들이 발 빠르게 의사결정을 해주지 않으면 고객들은 금세 떠난다. 이제 더 이상 실무자들의 업무실행 방법에 대해 상사가 일일이 이래라저래라 끼어들 수 있는 상황이 아니다. 일에 대한 과거의 경험이나 지식은 상위리더가 더 많을지 몰라도 지금 현재 현장에 대한 데이터나 고객에 대한 정보는 실무자가 더 많다. 때문에 실무자가 의사결정하고 상위리더가 기준과 비교하여 검증하는 코칭을 할 수밖에 없다.

둘째, 사람은 누구나 자기주도적으로 일하고자 하는 본능이 있다. 다른 사람으로부터 간섭을 받는 것은 다들 싫어한다. 자기가 알아서, 자기가 주도해서 일할 때 더욱 보람이 크다. 특히 MZ세대는 말할 것도 없고 지금 이 시대를 살아가고 있는 모든 사람이 자기주도적으로 일하고 싶어 한다.

리더들의 핵심역량, 성과코칭

지속가능한 성과를 창출하기 위해 리더가 갖추어야 할 핵심역량은 성과코칭역량이다. 성과코칭은 리더가 실무자들에게 역할과 책임을 권한위임하는 과정에서 반드시 실행해야 하는 의무사항이다. 기간별 역할인 핵심과제를 부여하고, 원하는 결과물인 성과목표를 합의하고, 성과목표를 달성하기 위한 인과적 달성전략을 수립하는 프리뷰 단계에서 성과코칭이 가장 중요하고 또 많이 필요하다.

실행 단계에서도 분기, 월간, 주간, 일일 핵심과제와 성과목표가 제대로 캐스케이딩 되었는지, 환경변화에 따라 롤 링플랜은 제대로 적용되었는지에 대해 수시로 성과코칭이 이루어져야 한다. 과제 단위, 주간, 월간 단위의 과제와 목 표가 완료될 때마다 목표와 성과를 비교하여 성과평가를 하는 것 역시 성과코칭에 포함된다.

그리고 리뷰 단계에서도 성과코칭이 매우 중요하다. 리 뷰는 일을 마치고 난 후에 성과를 창출하는 데 전략이 제대 로 적중했는지 평가하고, 예상 납기와 소요시간을 실제 납 기와 소요시간과 비교, 분석해 차이가 나는 이유를 분석하 며, 발견된 문제를 어떻게 개선할지 그 방법을 도출하고 미 달성한 목표에 대해 만화대책을 수립하는 것이다. 이 과정 에서도 성과코칭이 중요하다.

리더들에게 왜 성과코칭이 제대로 이루어지지 않는지 그 이유를 물어보면 대부분 시간이 없어서라고 대답한다. 리 더들이 바쁜 이유는 실무자에게 권한위임을 제대로 하지 못해서다. 실무자의 일까지 대신 고민하거나 일일이 지시 하고 챙기느라 시간이 없다. 왜 그렇게 일일이 지시하고 챙 기느냐고 물어보면 실무자들의 능력이 부족해서라고 한다.

결국 리더는 실무자의 무능력을 탓하면서 본인이 대신

실무를 챙길 수밖에 없다고 강변하지만, 실무자의 역할과 책임이 무엇인지 분기초, 월초, 주초에 제대로 정해주지 않는다. 역할과 책임을 수행하기 위해서 어떠한 능력과 역량이 필요한지, 현재 수준은 어떠한지, 이번 달에는 어떠한 지식과 스킬을 얼마만큼 익혀야 하는지도 제대로 코칭해주지 않는다.

그리고 일을 시킬 때마다 해야 할 과제와 마감기한을 실행하는 데 있어 지켜야 할 지침과 유의사항은 정해주지만 원하는 결과물은 무엇인지, 원하는 결과물을 달성하기 위한 실무자의 생각을 구체적으로 물어보고 진심 어린 성과 코칭을 실행하는 리더는 그야말로 손에 꼽을 정도다. 당연히 일이 끝날 때마다 성과를 평가하고 개선과제를 도출하는 피드백 코칭은 엄두도 내지 못한다. 리더가 실무자의 일을 대신해주느라 바쁘면 안 된다. 리더는 리더 본연의 역할 때문에 바빠야 한다.

성과코칭의 원리

아무리 가르치고 야단쳐도 일하는 방식이 바뀌지 않는 이유는 뭘까? 내면에서 바뀌어야겠다는 생각이 들지 않아서다. 지시하고 야단치면 그 순간에는 그 행동을 하겠지만 결코 지속하거나 반복적으로 하지는 않는다. 머릿속의 생각이 바뀌어야 반복적으로 행동한다. 지식을 교육하고 스킬을 훈련한다고 해서 실무에서 바로 적용할 수 있는 것은 아니다. 반복적으로 훈련하고 코칭 프로세스를 통해 스스로 실행방법을 체질화하도록 해야 한다.

커브볼을 던지는 원리를 안다고 해서 바로 던질 수 있는 것은 아니다. 먼저 커브볼을 던질 수 있는 신체적 조건을 만들고 커브볼의 원리대로 끊임없는 반복훈련을 해야 겨우 흉내를 낼 수 있는 수준에 다다를 뿐이다. 하루아침에 얻을 수 있는 것은 아무것도 없다.

마찬가지로 매출을 올릴 수 있는 원리를 안다고 해서 매출을 바로 향상시킬 수 있는 것은 아니다. 목표와 전략을 수립할 방법을 안다고 해서 실무에서 곧장 수립할 수도 없다. 다양한 사례를 통해 실습과 반복훈련을 하고 코칭과정을 통해 스스로 실행하는 방법을 진심으로 깨닫고 적용할 수 있을 때 할 수 있는 것이다.

티칭은 상대방에게 지식과 스킬, 경험과 방법을 가르쳐주는 것이다. 코칭은 상대방이 스스로 해법을 찾을 수 있도록 생각하고 고민하게 자극하는 것이다. 티칭은 일회적이고 단편적이지만 코칭은 지속적이고 종합적이다. 코칭은 상대방의 생각이 있어야 가능하다. 상대방이 생각을 하게 하려면 코칭하는 사람의 질문과 경청이 중요하다.

일반적으로 코칭이라고 하면 삶의 본질에 대한 깨우침과 인간관계, 역할을 제대로 수행하기 위한 깨우침 등 주로 개인의 자질에 대한 부분에 초점을 두는 경우가 많다. 하지만 성과코칭은 조직에서 역할과 책임 수행을 통해 성과를 잘 창출할 수 있도록 도와주는 활동이다. 특히 성과코칭 과정에서 질문을 잘하기 위해서는 즉, 주먹구구식 질문이 되지 않기 위해서는 성과창출 프로세스와 프로세스 단계별 개념과 실행방법에 대한 이해가 필수다.

그리고 성과, 실적, 결과, 과제, 목표, 조감도, 전략, 실행계획, 리스크 대응방안, 캐스케이딩, 성과평가, 전략평가, 프로세스평가, 개선과제, 만회대책, 프리뷰, 인과적 실행, 리뷰, 플랜, 두, 체크, 액션 등 각각의 단어가 가진 의미를 정확히 알아야 한다.

상대방에게 개념과 기준, 프로세스와 방법에 대해 질문하는 것이 1차 질문이며, 1차 질문에 대해 상대방이 어떠한 생각을 했다면 그렇게 생각한 근거와 이유 그리고 대안에 대한 질문이 2차 질문이다. 1차 질문을 하기 위해서는 성과창출 프로세스와 프로세스 단계별 개념, 기준과 방법에 대한 이해가 선행되어야 한다. 최대한 구체적이고 실무적인 이해가 필요한 것이다. 그러고 나서 2차 질문을 제대로 하려면, 상대방의 생각을 진정성 있게 경청하고 이것 역시 구체적, 실무적으로 이해할 수 있어야 한다.

코칭은 남이 해주는 것이 다가 아니다. 자신에게 실행하는 셀프코칭도 중요하다. 성과를 창출하는 프로세스 단계별로 자신에게 질문하고, 그 질문에 대한 생각을 글로 적어 보면 좋다. 자기 자신의 목소리를 경청하고, 그러한 경청을 통해 다시 자신의 생각의 근거와 기준에 대해 질문할 수 있다. 그러한 질문과 대답이 이어지면 스스로 해답을 찾고 깨닫는다. 물론 이것 역시 그냥 되는 것은 아니다. 스스로에게 질문을 던져야 생각을 하게 되고, 자신의 생각을 글로 적어야 경청할 수 있다.

코칭은 능동적이고 자발적인 행동을 유도하지만, 업무지시는 수동적이고 의무적인 행동을 유발한다. 원하는 성과를 창출하기 위한 과정은 말처럼 그리 쉬운 과정이 아니다. 사람들은 모든 것을 너무 쉽게 생각하는 경향이 있다. 이치와 원리를 안다고 해도, 그것의 자신의 일에 적용해 원하는 성과를 얻기까지는 거쳐야 할 단계와 치러야 할 대가가 생각보다 만만치 않다. 성공한 사람들이 성취한 결과만 보고 너무 쉽게 판단하면 안 된다. 우리는 결과만 가지고 판단하지만 그들은 그러한 결과를 얻기까지 온갖 고생과 대가를 치렀다. 성공한 기업이나 성공한 사람이 실행한 방법을 우리가 그대로 따라 할 수는 없다. 어설픈 흉내 내기와 베스트 프랙티스best practice, 벤치마킹은 스스로 생각하는 역량을 기르고 성과창출 프로세스를 체질화하는 데 오히려 부정적인 영향을 끼칠 가능성이 매우 높다.

경영철학, 능력, 역량, 문화, 고객, CEO, 일하는 방식… 등 어느 것 하나 같은 것이 없다. 누구나 쉽고 편한 방법을 택하려고 하는 경향을 가졌다. 의지의 문제가 아니라 사람의 인체구조 자체가 그렇다. 쉽게 익힌 것은 쉽게 잊히고, 남의 방법은 여러분의 것으로 쉽게 체화되지 않는다. 결국 사람은 각자의 방법으로 성공할 수밖에 없다.

성과코칭은 역량훈련이 선행되어야 한다

실행역량이란 무엇일까? 성과창출의 일련의 프로세스를 자유자재로 실행할 수 있을 때 비로소 실행역량이 갖추어졌다고 말할 수 있다. 실행해야 할 기간별 역할을 과제화하고, 그 과제가 실행되는 현장의 상황을 객관적으로 분석하고, 결과물을 수요할 고객의 니즈와 원츠를 정확하게 도출해 상태적 목표로 설정하고, 고정요소와 변동요소로 나누어 고정변수와 변동변수별로 달성전략을 수립하고, 예상리스크요인을 도출하여 대응방안을 수립하고, 일정별로 해야 할 일의 순서를 계획하는 일련의 과정이 바로 그것이다.

직책이 좀 높다고, 배운 것이 좀 많다고, 경험한 것이 길다고 해서 함부로 역량을 갖췄다고 말하거나 코칭이 가능하다고 말해서는 안 된다. 그리 쉽게 생각할 문제가 아니다. 아는 것과 할 수 있는 것은 다른 문제다. 자신이 할 수 있는 것과 다른 사람을 할 수 있게 하는 것은 당연히 다른 문제다.

역량훈련과 코칭이 쉽지 않은 것은 고정관념을 거슬러야 하기 때문이다. 원하는 성과를 반복적으로 창출하기 위해서는 역할수행을 위한 능력을 학습하고, 책임완수를 위한 역량을 훈련해야 한다. 능력을 학습하고 역량을 훈련하고 나서야 비로소 스스로 깨닫는 것이 가능해진다. 그리고 그러한 단계에 오른 사람이어야 코칭을 시작할 수 있다. 개념과 이치, 원리도 깨닫지 못한 상태에서 성과를 논하고 코칭을 들먹인다는 것은 우물에서 숭늉을 찾는 것과 같다.

생각을 묻는 질문과 생각을 들어주는 경청

질문과 경청은 코칭의 핵심이다. 질문을 제대로 할 줄 안다면 그는 이미 리더다. 대부분은 자기 생각과 말을 뱉어내기 바쁘다. 상대방의 내면에 있는 생각을 끌어내기 위해 질문하고 경청하는 데는 매우 서툴다. 서투르다는 것을 인정한다면 제대로 된 훈련을 받아야 할 텐데 그렇지 않다는 게 큰 문제다. 직책이 높고, 경험이 많고, 가진 것이 많을수록 사람들은 뭐든지 다 할 수 있다는 이상한 교만에 빠지게 된다.

일을 직접 실행할 사람은 리더가 아니라 실무자다. 리더가 아무리 지시를 잘하고 설명을 잘해도, 실무자들이 성과목표와 인과적 달성전략, 실행계획을 자기 손으로 세워서 행동으로 옮길 수 없다면 실행력은 기대하지 말아야 한다.

　일의 결과물에 대해 가치판단을 할 사람은 실무자가 아니라 리더다. 실무자가 아무리 좋은 아이디어가 있더라도 수요자인 리더의 생각을 제대로 경청하지 않는다면 아무리 열심히 일해봐야 성과를 낼 수 없다. 리더의 생각을 경청하기 위한 질문을 잘해야 하는데, 리더의 생각을 알아보기 위해서는 실무자 자신의 생각을 먼저 밝혀야 한다. 그렇지 않으면 리더의 생각을 알 방법이 별로 없다.

　리더가 실무자에게 해야 할 질문의 핵심은 오늘, 이번 주, 이번 달, 이번 분기에 가장 우선적으로 '선택과 집중'을 해야 할 핵심과제가 무엇인지 물어보는 것으로부터 시작해야 한다. 이번 주에, 이번 달에 할 일이 무엇인지, 왜 그것이 우선순위가 높은 과제인지를 물어야 한다. 그 과제를 가장 먼저 실행해야 하는 근거가 무엇인지, 과제의 현재 상태가 어떠한지, 과제와 관련된 이해관계자들의 요구사항은 무엇인지, 과제수행의 목적과 목표는 무엇인지도 물어야 한다.

　여러분의 질문은 곧 여러분의 생각이다. 질문하면 상대방은 생각하게 된다. 그 생각을 경청해보면 현재 상태를 알 수 있고 대응방안을 수립할 수 있다. 그러므로 먼저 실무자가 리더에게 상태적 목표와 인과적 전략타깃, 예상리스크 요인에 대한 자신의 생각을 밝혀야 한다. 자신의 생각을 밝힌 후에 리더에게 질문하는 것이 올바른 순서다. 리더의 대답을 통해 리더의 생각을 알 수 있다.

경청이란 상대의 말을 그냥 듣기만 하는 것이 아니다. 사전적 의미를 찾아보면, 상대방이 전달하고자 하는 말의 내용은 물론이고 그 내면에 깔려 있는 동기나 정서에 귀를 기울여 듣고, 이해한 바를 상대방에게 피드백하여 주는 것이라고 나온다.

경청은 그냥 듣기만 하는 것이 아니라 내가 이해한 바를 상대방에게 피드백하는 것까지 포함하는 개념이다. 경청의 '청(聽)'을 풀어보면 '상대방에게 진지하게 귀(耳)를 활짝 열고, 눈(目)을 바라보며, 마음(心)을 집중한다'는 의미다.

상대방에게 질문하고 경청하는 것보다 자기 자신에게 질문하고 경청하는 것이 훨씬 어렵고 많은 훈련이 필요하다. 무엇을 하든지 주먹구구식으로 하는 생각은 별 소용이 없다. 흔히 잡생각이라고 한다. 품질 높은 생각을 하려면 자기 자신에게 질문을 제대로 해야 한다. 그런데 질문을 제대로 하려면 개념이 제대로 서 있어야 한다. 자신의 생각을 경청하기 위해서는 자신의 생각을 글로 써봐야 제대로 알 수 있다. 자신의 생각을 글로 쓸 수 없다면 경청할 수 없다.

'질문과 경청'은 주로 리더가 실무자에게 하는 것으로 생각하지만, 때로는 실무자가 리더에게 하는 것이 더 필요할 때도 있다. 실무자든, 리더든 자기주도적인 실행을 위해서는 셀프질문과 경청이 기본이다. 질문의 핵심은 '개념'이고 경청의 핵심은 '기록'이다.

질문과 경청으로 리더의 성과코칭 슬기롭게 활용하기

자신의 현재 모습을 냉정하게 분석하는 사람은 흔치 않다. "아직 멀었습니다.", "능력이 많이 부족합니다."라고 겸손하게 말하지만 정작 자신에게 부족한 것이 무엇인지 잘 모르는 경우가 많다. 당장의 역할과 책임에만 집중하다 보면 자신의 능력이나 역량을 기르는 일에 상대적으로 소홀해진다. 때로는 본인만 모르는 부족한 점을 주변 사람들이 더 잘 안다. 특히 여러분의 리더는 여러분 자신이 모르는 부족한 부분을 더 잘 알고 있다. 함께 일하며 가장 많이 관찰한 사람이기 때문이다. 리더라는 거울로 여러분 자신의 현재 모습을 확인할 수 있다.

그런 의미에서 역할과 책임과 관련된 실무적인 능력을 개발하고 역량을 트레이닝하고 싶다면, 더불어 자신의 부족한 점을 깨닫고 성장하길 바란다면, 리더의 코칭이 절대적으로 필요하다.

그런데 리더로부터 제대로 된 코칭을 받기 전에, 명심해야 할 점이 있다. 일을 하다 보면 성과코칭이 꼭 필요한 순간이 온다. 가장 많이 함께 일하는 상위리더나, 특별한 유대관계를 맺고 있는 조직 내 선배들이 여러분의 코치가 되어줄 것이다. 그런데 이렇게 주위 사람에게 코칭을 요청할 때는 조급하게 해답만 알려달라는 태도를 버려야 한다.

직접적으로 해결방법을 요구하는 것이 아니라, 해결의 실마리를 얻어 문제를 스스로 해결하려는 자세를 가져야 한다. 그래야 스스로 역량을 키워나갈 수 있기 때문이다. 코칭을 제대로 받기 위해서는 자신의 생각을 구체화해서 사전에 정리하는 것이 필수다. 이러한 자세가 준비되었다면, 리더로부터 '더 넓고 멀리 보는 관점'을 얻을 수 있는 3가지 핵심 코칭방법을 기억해두자.

1. 조직에 기여할 미션과 비전을 코칭받는다

직장은 단순히 먹고사는 문제를 해결하기 위한 곳만은 아니다. 인생의 목적, 목표와 연계된 고민들도 직장생활에 포함되게 마련이다. 지금 하는 일과 인생의 목적, 목표가 연계될 수 있도록 일을 통해 조직에 기여할 가치가 무엇인지, 조직에서 어떤 비전을 위해 자신을 차별화해야 하는지를 깨닫고 싶다면, 그에 대한 질문을 준비해야 한다.

2. 역할과 책임을 인식할 수 있도록 코칭받는다

조직에서는 각자의 직책·업무기능·기간에 따라 역할과 책임이 달라진다. 특히 분기·월간·주간 단위로 해야 할 일과 책임져야 할 결과물을 인식할 수 있도록 코칭을 요청하는 것이 실행력을 높이는 측면에서 아주 중요하다.

3. 상태적 성과목표와 인과적 달성전략을 코칭받는다

일을 시작하기 전에 그 일의 목적이 무엇인지를 스스로에게 질문해보라. 그 목적에 부합하는 목표를 어떻게 설정해야 하는지, 목표가 이루어진 모습이 어떤 상태여야 하는지를 정확히 답할 수 없다면 성과목표를 수립하기 위한 코칭을 리더에게 요청해야 한다. 코칭을 통해 리더의 니즈와 원츠를 정확히 이해하고, 이를 원하는 결과물에 반영한 사람의 성과는 확연히 다르다.

코칭을 받기 위해서는 자신이 생각하는 성과목표의 구체적인 모습과 인과적인 달성전략, 예상리스크요인에 대한 대응방안의 초안을 근거와 함께 준비해야 한다. 그래야만 리더 역시 충분한 근거를 가지고 코칭할 수 있다. 이처럼 성과코칭은 사람에 대한 믿음과 방법에 대한 위임을 밝히는 사회과학이라고 할 수 있다.

여러분의 질문은 곧 여러분의 생각이다.
질문하면 상대방은 생각하게 된다.
그 생각을 경청해보면 현재 상태를 알 수 있고
대응방안을 수립할 수 있다.
그러므로 먼저 실무자가 리더에게
자신의 생각을 밝히고 질문해야 한다.
리더의 대답을 통해 리더의 생각을 알 수 있다.

권한위임

경영환경이 불확실해질수록 조직은 더 유연하고 신속하게 움직일 준비를 해야 한다. 그래서 요즘 애자일agile이라는 개념이 자주 회자된다. 신속하게 일하게 하려면 리더들은 구성원들의 능력과 역량을 믿고 역할과 책임을 맡겨야 한다. 하지만 말이 쉽지 위임이라는 것이 현실에서는 그리 쉽지가 않다. 권한을 위임할 사람도, 위임받을 사람도 모두 준비가 필요하기 때문이다.

리더가 지나치게 일 욕심이 많거나, 권한을 나누는 스킬이 부족한 경우 위임이 어려워진다. 반대로 실무자들이 권한을 위임받을 준비가 되어 있지 않은 경우도 많다. 보통은 후자의 경우가 더 빈번하다. 리더들은 실무자의 생각이나 업무처리 방식이 믿음직스럽지 않아서 권한을 부여하지 못한다. 실무자라면 권한을 주지 않는 리더를 탓하기 전에, 스스로 그 권한을 위임받을 준비가 되어 있는지 돌아봐야 할 것이다. 권한은 실무자 스스로 획득하는 것이다. 리더가 믿고 일을 맡길 수 있도록 만드는 것 역시 실무자 자신의 몫이다.

권한을 위임받을 준비가 되어 있는가?

리더는 조직의 성과를 책임지기 위해 해야 할 일이 많다. 그래서 리더는 실무역할과 관리역할을 구분해 수행한다. '실무역할'은 리더 자신이 직접 수행하여 성과를 창출해내는 것이고, '관리역할'은 구성원에게 역할과 책임을 위임하여 성과를 창출하도록 하는 것이다. 쉽게 말해 구성원에게 일을 맡기는 것이다. 리더는 '사람'과 '일'이라는 2가지 관점에서 '임파워먼트'와 '델리게이션'이라는 관리역할을 수행한다. 리더가 실무자를 믿고 역할과 책임을 맡기도록 하려면 어떻게 해야 할까? 먼저 '믿고 맡기는 기준'이 무엇인지부터 정확하게 짚고 넘어가자.

임파워먼트 : 사람을 믿고 맡기는 것

임파워먼트는 '역할위임'이다. 구성원에게 부여할 역할·업무·직책을 말한다. 전사 차원에서 각 사업부나 임원의 역할과 책임은 CEO가 제시한다. 팀과 팀장의 역할과 책임 역시 임원의 의견을 듣고 CEO가 최종적으로 결정한다.

반면 각 팀에서 팀원들의 역할과 책임은 팀장이 결정해 부여한다. 팀장은 팀원의 능력과 역량을 진단하고 분석해 역할을 부여한다. 그리고 팀원이 해당 역할을 잘 수행하는 지 주기적으로 관찰하고 기록해 추후에 역할범위를 결정할 때 근거자료로 활용한다.

만약 지금 하는 일보다 더 확장된 범위의 역할을 위임받고 싶다면, 자기계발 계획을 세워 능력과 역량을 키워야 할 것이다. 능력과 역량을 키우는 데서 그칠 것이 아니라 자신이 얼마나 성장했는지를 리더에게 인정받아야 한다.

델리게이션 : 실행전략을 믿고 맡기는 것

델리게이션은 '책임위임'이다. 실행방법의 선택에 대한

의사결정 권한을 위임하는 것에 해당한다. 일반적으로 "책임만 있고 권한은 없다. 권한을 위임해달라."고 이야기할 때 사용하는 '권한위임'은 델리게이션이다. 구성원이 어떤 결과물을 가지고 올지 모르는 상황이라면 리더가 역할과 책임을 맡기기 어렵다. 불안하고 초조해서다. 그래서 자꾸만 감시하고 통제할 수밖에 없다.

델리게이션이 제대로 이루어지려면 자신이 책임져야 할 성과목표가 구체적으로 무엇인지, 성과목표를 달성하기 위한 전략을 구체적으로 어떻게 수립하고 실행할지 자신의 생각을 리더에게 미리 밝히고 그에 대해 코칭과정을 통해 검증받아야 한다.

연간이나 분기·월간 단위로 책임져야 할 성과목표를 부여받은 후에는 성과목표를 어떻게 달성할 것인지, 즉 인과적인 달성전략을 반드시 고민해야 한다. 이 과정이 전제가 되어야 성과목표를 부여한 리더에게 코칭을 요청할 수 있고, 리더가 실질적인 델리게이션을 할 수 있다.

자신이 책임지고 달성해야 할 성과목표조감도, 그리고 이를 공략할 인과적인 전략타깃에 대해 리더에게 코칭을 요청하는 과정은 상당히 중요하다. 리더로부터 검증받고 조언을 받는다는 의미도 있지만 자신이 생각한 전략과 방법에 대해 리더가 사전에 파악하도록 공유할 수 있기 때문이다. 위임은 리더를 대신할 수 있는 권한이다. 리더를 불안하게 하는 사람은 위임받을 자격이 없다. 실행에 대한 권한을 더 위임받기를 원한다면, 역할과 책임의 기준, 달성전략, 액션플랜에 대해 수시로 리더와 소통하는 것이 중요하다.

임파워먼트와 델리게이션은 객관적인 근거를 바탕으로 한 상호 간의 신뢰 속에서 이루어진다. 역할을 해내고 책임을 지기 위해 실행방법을 권한위임하는 것은, 본질적으로 서로의 역량을 키우는 일이다. 또 실무자가 실행방법을 선택할 때 더 많은 권한을 부여함으로써 창의성과 혁신성을 극대화한다.

그 과정에서 리더는 구성원의 생각을 존중해주고, 구성원은 자발적·자율적으로 일하는 모습을 보여야 한다. 위임은 자기 마음대로 할 수 있다는 권력의 도구가 아니다. 역할위임과 책임위임을 통해 좀 더 주체적으로, 책임감을 갖고 일을 추진해야 한다. 이것이야말로 자기주도적인 인재로 성장하는 지름길이다.

델리게이션을 위한 실행도구 :
R&R 스케치 페이퍼

과제를 지시하거나 요청한 사람은 상대방이 그 과제를 제대로 진행하고 있는지, 기한 내에 완수할 수 있는지가 늘 궁금하다. 한편, 과제를 요청받은 사람은 자신이 생각하는 방향으로 추진하는 것이 맞는지, 자신의 실행방법이 맞는지가 늘 망설여진다. 특히 리더가 요청한 일의 경우에는 행여나 잘못 수행하고 있는 것은 아닌지 불안하기 마련이다.

하지만 이럴 때 허심탄회하게 서로의 생각을 묻거나 자신의 의견을 말하지 않는 경우가 대부분이다. 사실상 문제는 이때부터 시작된다. 명확한 대화를 해야 할 시점에 각자 머릿속으로 서로 다른 생각을 하거나, 상대방 생각을 추측할 뿐이다. 상대방이 어떤 성향인지, 무엇을 싫어하고 좋아하는지를 추측하고, 그 막연한 추측을 바탕으로 리더가 요청한 과제를 어떻게 처리할 것인지를 판단하여 행동한다. 그러나 상대방에 대한 이런 막연한 추측은 잘못된 판단을 불러오기 십상이다. 상대방이 어떤 방식으로 생각하고 의사결정할 것인가에 대해 편견과 고정관념이 생겨버렸기 때문이다.

일을 실행하기 전에는 확신이 필요하다. 일을 요청한 사람이 전달하고자 하는 니즈와 원츠가 무엇인지, 그 일을 요청한 사람이 받고 싶은 결과물이 정확히 무엇인지 등에 관해 확신이 있어야 자신감이 붙는다. 확신하려면 정확히 알아야 하고, 정확히 알려면 직접 의사소통을 하는 것이 가장 빠른 방법이다.

R&R 스케치 페이퍼 :
효과적인 델리게이션을 위한 밑그림

지시받은 과제의 내용이 분명하지 않았더라도 실행에 대한 책임은 여러분에게 있다. 때문에 과제를 요청한 사람과 동상이몽해서는 절대 안 된다. 과제를 요청한 사람이 정확하게 말해주지 않았다고 해도 과제를 실행할 사람이 그의 의중을 정확히 꿰뚫어야 한다.

물론 리더가 먼저 친절하게 업무를 명확하게 설명해주고 구체적으로 요청해주면 더 바랄 게 없겠지만, 대부분의 리더는 늘 바쁘다. 실행을 해야 하는 여러분은 여러 사람 중에 한 사람이지만, 리더는 업무를 지시하거나 요청해야 할 사람이 여러 명이다. 그러다 보면 구체적으로 지시하는 데는 한계가 있을 수밖에 없다. 누군가로부터 일을 요청받을 때는 물론이고, 자신이 누군가에게 무언가에 대해 협업을 요청할 때도 서로의 요구사항을 명확하게 공유하고 공감할 수 있는 커뮤니케이션 도구가 필요하다.

'R&R 스케치 페이퍼'가 여기에 대한 좋은 답이 될 수 있다. R&R 스케치 페이퍼란, 일을 실행하기 전에 자신이 이해하고 있는 역할과 책임지고 달성해야 할 결과물에 대해 대략적인 조감도로 그리고 어떤 전략과 방법으로 실행할 것인지를 마치 스케치하듯이 작성한 밑그림 문서다.

스케치 페이퍼를 만들면 무엇이 좋을까? 우선 리더가 원하는 결과물과 실행할 사람이 생각하는 결과물이 동일한지를 사전에 확인해볼 수 있다. 성과목표와 달성전략이나 액션플랜에 대해 공감대를 형성할 수도 있다. 사안에 따라 다르겠지만, 실행으로 옮기기 전에 스케치 페이퍼를 즉시 또는 한나절이나 1일 이내에 작성하여 일을 요청한 사람에게 설명하고 코칭을 받거나 의견을 듣는 것이 좋다.

일을 실행하는 사람이 가장 중요하게 생각해야 할 것은 무엇일까? 일의 결과물과 달성전략 · 플랜B · 실행계획과 소요자원이다. 그리고 스케치 페이퍼를 활용하여 일을 요청한 사람과 소통할 때는 다음에 소개하는 '제안형 3단계 커뮤니케이션'을 실행하는 것이 도움이 된다.

[표7] 성과코칭과 권한위임을 위한 실행수단 : R&R 스케치 페이퍼

과제를 요청한 사람의 요구사항(리더)		과제를 실행할 사람이 생각하는 성과목표와 인과적 달성전략(실행자)	
무엇을 (what)?	지시받았거나 요청받은 과제를 구체적으로 적는다.	원하는 결과물 (상태적 목표)	실행자가 생각하기에 지시받은 과제를 완료했을 때 기대하는 결과물의 모습을 구체적으로 새부내역의 형태로 나열한다. 동사나 대명사로 적지 말고 명사로 적는다.
언제까지 (when)?	언제까지 완료해야 하는지 납기를 적는다.	달성전략, 공략방법 (how to)	실행자가 생각하기에 원하는 결과물을 달성하기 위한 인과적인 전략과 공략방법을 적는다.
왜(why)?	과제수행 이유나 배경, 목적 등을 적는다.	지원요청 사항	달성전략과 공략방법대로 실행하려고 할 때 일을 지시한 사람이 지원해주었으면 하는 요청사항을 적는다.

1단계 : 일의 목적과 목표에 함께 공감하는 '스타팅 단계'

자신에게 부여된 일이 완료되었을 때의 결과물을 구체화해본다. 이는 현상분석이나 현장 확인을 바탕으로 해야 한다. 일을 지시하거나 요청한 사람은 해야 할 과제와 완료일정 정도만 이야기하기 때문에 기대하는 결과물의 구체적인 내용이나 세부사항 처리에 필요한 소요일정은 실행할 사람이 제안하는 것이 현실적이다.

2단계 : 롤링플랜을 적용하는 '중간진행 단계'

일을 시작하고 나서 50% 정도 진행된 시점에서 현재까지의 진행상황을 정리해서 보고한다. 지금까지 완료한 결과물, 앞으로 달성할 결과물, 그리고 남은 결과물을 달성하기 위한 실행방법을 바탕으로 앞으로 남은 과정을 어떻게 진행할 것인가에 대한 내용을 중심으로 리더의 의도와 일치하는지 다시 한번 확인하고 코칭받는다.

3단계 : 최종 결과보고 이전의 마지막 '확인 단계'

90% 이상 완성된 일의 결과물을 가지고 리더와 마지막으로 커뮤니케이션하는 단계다. 최종결과물을 보고하기 이전에 가안으로 다시 한 번 검토하는 것이다. 가안이 수정 ·

보완되거나 확정되어 보고서를 100% 완성하면 비로소 일이 완료된다.

이와 같은 '제안형 3단계 커뮤니케이션'은 리더의 의구심을 해소시키고 실무자의 두려움을 잠재우는 '성과관리 프로세스' 지배기술이다. 일을 요청한 사람이 실행자인 자신을 찾을 때까지 기다리지 말고 자신이 먼저 선제적으로 제안하는 것이 좋다. 리더가 여러분을 따로 부르지 않더라도 먼저 질문하고 대안을 사전에 제시하는 지속적인 노력이 필요하다.

자신의 책임을 다하기 위해 구체적인 역할을 찾아 나서는 적극적이고 부지런한 구성원, 동료를 싫어하는 사람은 없다. 조직 내 위치, 맡은 역할, 전공, 그리고 자라온 환경 등 여러 요인으로 인해 같은 내용을 두고서도 서로 동상이몽하는 경우가 있는데, 이때 스케치 페이퍼가 서로 간의 명쾌한 소통기준이 된다.

일을 실행하기 전에는 확신이 필요하다.
일을 요청한 사람이 전달하고자 하는
니즈와 원츠가 무엇인지,
그 일을 요청한 사람이 받고 싶은 결과물이
정확히 무엇인지 등에 관해
확신이 있어야 자신감이 붙는다.

소통과 협업

소통이 사회생활의 기본이라는 사실을 모르는 사람은 없다. 하지만 소통이 '말하기'나 '듣기'처럼 누구나 할 줄 안다고 생각해서 그런지, 올바른 소통방법을 제대로 배워보거나 실천하려고 노력하지는 않는 것 같다.

우리가 익히 알고 있는 소통방법은 사람과 사람 사이에서 일어나는 소통문제를 해결하기 위한 것이다. 하지만 일반적인 상황에서 발생하는 소통문제와 조직 내 소통문제는 다른 관점에서 접근해야 한다. 일반적인 소통은 정보공유를 통해 상대방과 더 친밀한 관계를 유지하거나 공감대를 형성하고, 서로 도움을 주고받는 선에서 마무리된다. 반면 조직에서의 소통은 궁극적으로 조직의 성과목표를 달성하는 것이 목적이기 때문에, 거기에 초점을 맞추어 학습하고 노력해야 한다.

업무내용이 전문화되고 세분화될수록, 또 역할과 책임이 세분화될수록 협업이 중요해진다. 또 조직 내부에 성과창출을 위한 능력, 역량, 자원을 모두 갖추지 못하는 경우도 협업역량이 중요하다. 그런데 협업을 제대로 하기 위해서는 정확한 소통이 전제되어야 한다. 언제까지, 무엇을 실행해서, 어떤 결과물을 협업해야 하는지, 사전에 명확하게 소통해야 협업이 제대로 된다.

소통의 목적은 정보의 공유와 기준의 공유

정보의 공유도 중요하지만 일을 제대로 하기 위해서는 기준의 사전공유가 중요하다. 직장생활의 본질은 공동의 미션과 비전, 그리고 조직이 추구하는 성과를 창출하기 위해 조직과 개인이 각자에게 주어진 역할과 책임을 완수하는 것이다. 직장생활에서 소통의 우선순위는 사람과의 관계가 아니라 역할과 책임이다.

잘못된 소통의 첫 번째 원인은, '기대하는 결과물에 대한 사전합의가 없다'는 것이다. 어떤 결과물을 원하는지 사전에 합의하지 않고 무작정 일을 시작하면 실행과정에서 일을 시킨 사람과 실행하는 사람 사이에 비대칭적 소통이 전개된다. 시킨 사람은 실행하는 사람이 말귀를 못 알아듣는다고 생각해 답답하고, 실행하는 사람은 시킨 사람의 의도를 몰라 '뭘 어쩌라는 거야?' 하며 짜증 나고 스트레스받는다. 어떻게든 정해진 일정 내에 일을 끝내는 것만 중요한 것이 아니다. 일정 이외에도 과제수행의 결과물을 사전에 합의한 수준만큼 제대로 달성하는 것이 중요하다.

문제를 해결하려면 우선 '과제'와 '과제수행을 통해 원하는 결과물', '행위'와 '행위의 결과물'을 분리해서 생각하는 훈련을 해야 한다. 그리고 '원하는 결과물'의 내용을 구체적으로, 마치 이루어진 것처럼 자세히 묘사해야 한다. 또한 일을 시작하기 전에 그 일의 배경과 의도, 원하는 결과물, 완료일정, 애로사항의 해결방안, 기존에 하던 일의 순서조정에 대해서도 서로 긴밀하게 소통해야 한다.

결과물은 행위 자체가 아니라 행위의 목적이다. 여러 행위를 거쳐 결과물이 만들어지는 것이기 때문에 행위들은 객관적으로 표현할 수 없어도, 결과물은 반드시 객관적으로 표현할 수 있어야 한다. '객관적'이라 함은 정량적이고 수치화된 형태로 표현하는 것을 말한다. 결과물을 정량화하고 객관화하지 않으면, 그것을 실행하기 위한 행위 역시 구체적으로 결정할 수 없다. 또 업무에 필요한 예산이나 시간을 산정할 때는 '과제' 중심으로 생각할 것이 아니라, '원하는 결과물'을 달성하는 데 소요되는 시간과 비용을 따져야 한다.

성과창출을 위한 효과적인 소통

축구경기가 잘 풀리지 않을 때 캐스터는 '선수들끼리 소통이 잘 안 된다'는 지적을 가장 많이 한다. 필드에서 뛰는 선수들은 '눈빛'과 '제스처', '큰 소리'로 소통하며 발을 맞춘다면, 직장에서는 '말'과 '글'로 소통하며 일한다. 구두나 이메일, 보고서 그리고 요즘은 카톡이나 SNS도 소통의 채널이다. 말하기와 글쓰기를 할 줄 모르는 직장인은 없겠지만, 성공적인 '소통'은 참으로 어렵다.

소통의 궁극적인 목적은 각자가 '역할'과 '책임'을 제대로 할 수 있도록 정보를 공유하는 것이다. 리더와 소통이 제대로 되지 않으면 실무담당자는 엉뚱한 결과물을 내놓는다. 그리고 일의 방향을 잘못 잡거나 불필요한 데 시간을 낭비한다. 어떻게 소통하느냐에 따라 일의 방법과 효율이 달라진다. 소통을 잘해서 몰랐던 새로운 정보를 접하면 역량이 강화되고 결과물도 좋아질 수밖에 없다. 이러한 경험은 점점 발전하고 있다는 성취감과 뿌듯함을 선사한다. 그런 의미에서 좋은 소통은 단기적으로 일의 결과물을 제대로 창출하도록 하고, 장기적으로 자신의 성장을 위한 디딤돌이 된다.

소통을 잘하기 위해서는 '상호보완적인 관계'와 '내용 전달의 방법'에 대한 이해가 필요하다.

구성원의 다양성을 이해하고 인정하라

조직에는 인생관·역할·책임·학력·전공·종교·정치성향·성별·지위 등 여러 방면에서 모두 다 다른 사람들이 모여 있다. 선후배나 동료와의 관계에서 마치 외국인을 대하는 것처럼 하면 어떨까? 서로의 외모·가치관·세계관 등이 다르다는 것을 인정하고 존중하는 데서 출발하면 인간관계가 한결 수월해진다. 그것이 바로 '다양성'의 인정이다. 사물이나 현상을 바라보는 관점이 다양하고, 기여해야 할 역할이 다름을 뜻하는 말이다.

‘상호보완적인 관계’는 사람들과 다양한 관계를 맺음으로써 공감대가 형성된 소통을 가능하게 한다. 조직에는 다양한 직무경험과 지식, 스킬을 가진 사람들이 공통의 목표를 달성하기 위해 모여 있다. 상호보완적인 관계란 직위나 근속년수에 기반한 서열적 관계가 아니라 차별화된 역할을 바탕으로 뭉쳐진 수평적 동료관계를 의미한다.

　그리고 선제적으로 소통해야 한다. 조직에서 수직적 관계만을 따지다 보면 소통의 중심은 늘 리더가 되어버린다. 팀원이라는 이유로 리더가 찾을 때까지 기다려서는 안 된다. 일의 주체가 바로 소통의 주체가 되어야 한다. 리더가 부르기 전에, 궁금해하기 전에, 일이 완료되기 전에 미리 진행상황을 정리해 실무자가 먼저 대화를 요청하고 소통을 시작하는 것이 필요하다.

필요를 채워주는 소통은 이렇게

　올바른 ‘내용 전달의 방법’은 서로 필요한 정보를 정확하게 교환하도록 돕는다. 직장에서 가장 기본적으로 소통해야 할 내용은, 구성원들이 각자 맡은 역할과 책임에 관련된 정보다. 소통의 양과 질에 따라, 역할과 책임을 다하는 데 필요한 직접적인 정보가 될 수 있다. 역할과 책임, 목표와 관련성이 적은 과정상의 정보는 간접적인 정보가 될 수 있다는 점도 유의해야 한다. 그렇다면 성공적인 소통을 하려면 어떻게 해야 할까? 다음의 5가지를 실천해보자.

일하는 프로세스와 룰을 반드시 지킨다

소통이 잘 안 되는 원인은, 대부분 일을 실행하는 기준(일의 프로세스)을 지키지 않고 자의적으로 해석하는 데 있다. 일하는 프로세스를 지키는 것은 모든 소통의 기본이다. 일을 하기 전에 기획(planning)하고 계획(plan)하고, 일을 실행할 때 캐스케이딩하고, 일이 끝나고 나면 성과평가하고 피드백하는 프로세스가 소통의 기본이다.

결론부터 말한다

소통은 궁금증을 해소하는 기술이다. 상대방, 특히 리더는 자신이 품은 의문점에 대해 과정보다 결론을 먼저 듣고 싶어 한다. 소통할 때는 결론을 먼저 말하고, 이유와 배경·과정에 대한 설명은 상대방이 요구할 경우 2차적으로 상세하게 덧붙여 이야기하는 것이 효과적이다.

문자보다 숫자로 말한다

숫자는 신뢰할 수 있는 소통 수단이고 예측 가능한 기준이다. '문자'는 행위를 중심으로 하고, '숫자'는 결과물을 포함한다. 숫자로 말할 수 있다는 것은 현장의 상황을 데이터로 제대로 파악하고 있다는 뜻이다. 전후사정을 꿰뚫고 있어 현상과 문제에 대한 원인과 해결책을 제시할 수 있다는 의미도 된다.

객관적 사실과 주관적 의견을 구분한다

자신의 관점과 언어로 표현된 주관적 의견을 마치 객관적 사실처럼 말해서는 안 된다. 객관적 사실은 현장데이터와 분석자료, 평가에 근거한 정보다. 소통할 때는 객관적 가치판단이 가능하도록 사실과 의견을 엄격히 구분해야 한다.

대명사가 아닌 명사로 말한다

사람들은 자신의 경험과 지식의 범주에서 사물과 현상을 바라보고 해석하는 인식체계를 가지고 있다. 그러다 보니 구체적인 명사보다는 '그것', '저기' 같은 대명사를 사용하여 포괄적 · 추상적으로 표현하길 좋아한다. 그러나 대명사는 나 자신만 알고 있는 정보임을 기억해야 한다.

 구성원들과 오해 없이 정보를 공유하기 위해서는 평소 자신의 소통방법을 분석하고 문제를 개선해야 한다. 우선, 대상과 상황별로 언어적·비언어적 수단을 어떻게 활용하는지, 소통이 잘 안 될 때 어떻게 풀어가는지를 정리해본다. 자신의 소통방식을 잘 분석해보면 보완할 점을 구체적으로 찾아낼 수 있다.

미래 경쟁우위는 협업역량에 달렸다

평범한 사람들이 모여 비범한 결과를 만들어내는 것, 이것이 바로 팀워크다. 경영의 즐거움 중에서 빼놓을 수 없는 것이기도 하다. 1이 10개 모였을 때 10이 아니라 100이 되는 것, 전체가 부분의 합보다 커지는 상호작용을 우리는 '협업'이라 부른다. 오늘날 기업에서 협업은 더 이상 선택사항이 아니다. 조직연구 분야의 권위자이자 UC 버클리 대학교 모튼 한센Morten T. Hansen 교수의 말처럼, 향후 기업의 경쟁우위는 조직 안에 흩어진 자원을 효과적으로 연결해내는 콜라보레이션collaboration, 즉 '협업 역량'에 좌우된다.

조직은 개인의 총합보다 더 큰 일을 하기 위해서 협업을 한다. 단순히 누군가를 돕기 위한 것이 아니다. 공동의 목표를 위해 각자의 가치관·능력·역량을 조화롭게 혼합하여 모인 조직이 직장이다. 우리는 각자의 역할에 따라서 책임을 다하고 협력적으로 행동해야 한다.

일하다 보면 혼자서 해내기엔 벅찬 업무들을 맞닥뜨리게 된다. 자신의 부족한 부분을 채워줄 동료나 리더와 협업하는 방법도 있지만, 선뜻 요청하지 못한다. 대부분 혼자 일을 끌어안고 끙끙 앓다가 마감기한을 놓치거나 일을 그르친다. 협업이 불편해서다.

다양하게 세분화된 분야를 깊이 있게 조망해서 의견을 제시하는 것도 어렵고, 누군가가 자신의 업무에 대해 이야기를 꺼내면 방어적인 자세부터 갖는 것도 협업을 어렵게 하는 원인이다. 괜히 남에게 불편을 끼치는 것 아닌가 하는 생각도 든다. 혼자 모든 업무를 완수해내려는 의지는 가상하지만, 오히려 그로 인해 빨리 진행해야 할 업무가 늦어지고 성과가 제대로 나오지 못한다면 바로잡아야 하지 않을까?

수직적 협업과 수평적 협업

협업이라고 하면 대개 단어가 주는 선입견 때문에 같은 부서 동료나 타부서와의 업무협조를 먼저 떠올리는 경우가 대부분이다. 협업에는 수직적 협업과 수평적 협업이 있는데, 그중 수직적 협업이 70~80% 이상 차지하는 것이 현실이다.

수직적 협업이란 하위조직의 리더나 실무자가 상위조직의 리더에게 자신의 역할과 책임을 다하기 위해 부족한 능력과 역량 부분에 대해 지원을 요청하는 행동을 말한다. 수직적 협업의 대표적인 형태가 성과코칭이다. 그리고 변동변수에 대한 협업, 예상리스크 대응방안에 대한 협업, 능력개발과 역량훈련에 대한 티칭과 코칭이 수직적 협업의 주요 내용이다.

수평적 협업은 우리가 보통 알고 있는 업무협조를 말한다. 그런데 수평적 협업이라고 해서 아무 때나, 시도 때도 없이 요청할 수 있는 것은 아니다. 간단한 질문이나 도움은 상관없겠지만 몇 시간 혹은 며칠씩 소요되는 업무에 대해서는 공식적으로 팀장이나 상위리더에게 그 이유와 필요성을 말하고 상위리더가 협업 당사자에게 요청하는 것이 좋다.

협업을 요청받는 상대방도 놀고 있는 사람이 아니라 나름대로 기간별 역할과 책임을 수행하기 위해서 시간관리를 하고 있기 때문이다. 그런 상황에서 느닷없이 자신의 역할과 책임을 미뤄놓고 다른 동료의 업무를 도와달라고 하면 흔쾌히 그렇게 하겠다고 할 사람은 없다. 마찬가지로 타부서나 외부 협력업체에 협업을 요청할 때도 담당자가 요청하기보다 팀장이, 팀 차원에서 협업할 일이 있다면 상위리더인 본부장이나 임원이 나서서 요청하는 것이 바람직하다.

협업은 항상 당사자 간의 문제가 아니라 상위리더의 문제라는 것을 명심해야 한다. 성공적인 협업을 위해서는 다음과 같은 3가지 사항을 유념하는 것이 좋다.

1. 요청할 업무내용의 역할과 책임, 완료일정을 구분하여 정확하게 알려준다

저마다 정해진 시간 안에 실행하고 해결해야 할 일이 있다. 자신조차도 잘 이해하지 못한 일을 바쁜 상위리더나 동료에게 부탁하는 것은 민폐 중의 최고 민폐다. 먼저 상대방에게 부탁할 내용이 무엇인지를 명확히 해야 한다. 그러기 위해서는 자신이 먼저 일의 흐름을 정확히 파악하는 것이 중요하다. 업무의 범위와 내용 · 일처리 절차 · 업무지식 ·

업무스킬·업무태도·업무경험의 종합인 업무수행 역량이 선결되어야 한다. 그래야 자신이 할 수 있는 일, 상대방에게 요청할 일을 잘게 나눌 수 있다. 짧은 시간 동안에도 충분히 일의 내용을 알려주고 문제를 구체화할 수 있도록 정리된 문서를 준비한다.

2. 협업을 요청하게 된 배경을 공감할 수 있게 설득한다

상대방이 기꺼이 업무를 협조해주도록 설득하는 것도 협업의 기술이다. 무턱대고 "일 좀 도와주세요."라고 말한다면 무례해 보일 수 있고 상대방의 기분을 상하게 할 수 있다. 누군가에게 도움을 요청할 때는 그 일을 요청할 수밖에 없는 배경, 팀이나 부서의 목표와 어떻게 연결되는지, 왜 당신에게 도움을 요청하는지에 대한 이유가 분명해야 한다. 상대방에게 도움을 요청하는 배경과 이유가 불명확하면 그에게 전달하는 메시지가 설득력을 잃는다.

3. 협업이 완료되고 나면 얼마나 도움이 되었는지 감사를 표현한다

여러분에게 도움을 준 상위리더나 동료들은 시간이 남아서 도와준 것이 아니다. 분명 그들도 정해진 기간 내에 달성해야 할 나름의 역할과 책임이 있고 매우 바쁘지만, 스스로를 위해서, 조직의 목표를 위해서 도움을 준 것이다. 별 도움이 되지 않았어도 감사의 인사를 반드시 전하도록 한다. 감사인사를 통해 *끈끈해진* 유대관계는 앞으로 서로 부담 없이 도움을 주고받을 수 있도록 돕는다.

협업은 일 잘하는 사람이 일 못하는 사람에게 일손을 빌려주는 것이 아니다. 도움을 좀 주었다고 거만해지거나, 도움받았다고 위축되어서는 안 된다. 부족한 부분은 서로 보완해주고, 잘하는 것은 더욱 잘해서 시너지를 발휘하는 것이 협업이다. 자신에게 돌아올 실익을 따지기보다 조직의 목표를 먼저 생각할 때 진정한 협업이 가능하다.

리더가 실무자에게 피드백할 때는

객관적 사실 중심, 프로세스 중심,

피드백 대상자 중심으로 해야 한다.

협업할 때도 마찬가지다.

요청할 업무내용에 대해 역할과 책임,

완료일정을 정확하게 알려주고

상대방 입장에서 공감할 수 있도록 설득해야 한다.

미션과 비전 세우기, 역량향상의 비결

성과를 창출하기 위해서는 일만 열심히 해서도 안 되고, 업무경험이나 지식, 스킬만 뛰어나서도 안 된다. 어쩌다 한번 성과를 내는 게 아니라 지속적으로 반복해서 좋은 성과를 내려면 무엇보다도 역량을 훈련해 체질화시켜야 한다.

그리고 일하는 사람으로서 올바른 가치관을 정립하는 것은 기본 중의 기본이다. 고객에 대한 생각, 직장에 대한 가치관, 리더와 동료에 대한 올바른 인식, 프로답게 성과를 내고 가치를 창출하고자 하는 의식이 몸에 배어 있어야 한다.

지속 가능한 성과를 창출하기 위해서는 성과를 창출할 수 있는 실행력인 역량, 맡은 역할을 잘 수행하기 위한 경험·지식·스킬에 해당하는 능력, 고객과 직장, 동료에 대한 올바른 가치관이 갖춰져 있어야 한다. 그중에서도 행동으로 드러나는 실행역량이 가장 중요하다. 한마디로 조직이 원하는 인재상은 능력과 역량을 갖추고 성과를 내는 사람이다.

역량은 어떻게 성장하는가?

조직은 관리, 감독이 필요 없는 사람을 원한다. 이런 사람은 자율적으로 일하면서 자신이 한 일에 대해 책임질 줄 알기 때문이다. 이제까지 알아본 성과관리 방식은 우리가 가진 능력과 역량을 성장시켜 더 중요한 역할과 높은 수준의 책임을 감당할 수 있도록 이끈다. 이는 조직이 원하는 인재상인 '자율책임경영 인간'의 모습이다. 이러한 인재로 성장하기 위해서는 지속적이고 반복적으로 능력과 역량을 축적해야 한다.

성과를 계속 창출하고 싶은가? 그렇다면 학생이 돼라! '학생'이라는 단어를 들으면 어떤 이미지가 떠오르는가? 교

복을 입고 나란히 앉아 수업을 듣거나 시험을 앞두고 공부하는 모습이 떠오를 것이다. 이처럼 일반적으로 학교라는 '특정한 공간'에서 '정해진 교육'을 받는 사람들을 학생이라 부른다.

학교를 졸업하고 취업을 하면 사람들은 대부분 자신을 학생이라고 생각하지 않는다. '직장인' 또는 '사회인'이라고 부른다. 그러나 그들도 무엇인가를 배우고 끊임없이 성장하는 '학생'이다.

신입사원이라고 해서 언제까지나 조직에서 막내 역할을 하는 것이 아니다. 시간이 지나면 후배가 들어오고 자신은 선배가 될 것이다. 그 과정에서 우리는 늘 새롭게 경험하고 배우는 학생이 된다.

요즘 세대는 과거에 비해 성장의 기회를 중요하게 생각한다. 하지만 성장할 방법을 잘 몰라서 혹은 일에 흥미를 느끼지 못해서 후배를 맞이하기도 전에 퇴사하는 경우도 있다. 직장에는 우리가 모르는 것을 반드시 알려주어야 하는 '교사'의 의무를 가진 사람이 없다. 직장에 소속되어 일하는 순간 여러분은 여러분의 성과를 책임지는 프로가 되어야 하기 때문이다.

직장인의 공부법

직장인이 갖춰야 할 최고의 무기는 배우고 생각하며 일한 결과로 목표한 성과를 만들어내는 역량(competency)이다. 가치 있는 결과물을 생산해내는 역량은 지속적으로 성장하는 데 가장 중요하다. 물론 역량을 발휘하려면 역할수행을 위한 능력이 뒷받침되어야 한다.

능력(capability)이란 위임된 역할을 수행하기 위한 자격 요건인데 직무수행 경험, 지식, 스킬 등이 포함된다. 능력을 바탕으로 일하면서 끊임없이 새로운 것을 배우고 경험하며, 그것을 몸에 익혀서 난이도가 더 높은 일을 실전에서 해낼 수 있어야 한다. 일을 통한 성장, 이것이 직장인에게는 최고의 공부다. 일을 통한 성장을 경험할 때 조직과 끈끈한 유대관계를 형성할 수 있다. 성장이라는 보상은 경제적인 보수를 뛰어넘는 다른 차원의 것이다. 성장하도록 이끌어준 조직에 대한 고마움은 그 조직에 대한 헌신으로 이어진다.

그러므로 구성원은 성공이 아닌 성장을 목적으로 삼아야한다. 성공은 결과이지 목적이 아니다. 성장하면서 더 어려운 일과 문제를 맞닥뜨리고 실전에서 치러냄으로써 성공은 부수적으로 얻어지는 것이다. 성장은 다른 사람이 여러분에게 주는 것이 아니다. 스스로 자신에게 주어진 일에 관심을 쏟고 열정으로 살면서 시작되는 내면의 변화다.

능력과 역량은 어떻게 다른가

퇴근 후에 시간을 쪼개어 쓰며 자기계발에 매진하는 직장인이 많다. 운동부터 학원 수강, 강연 참여, 독서 등 저마다 관심 분야를 탐구하고 새로운 정보를 습득한다. 퇴근 후에도 모자라 점심시간과 주말까지 이용해 자기계발을 하는 사람도 많다. 참으로 대단한 열정이다. 하지만 문제는 그 목적과 방법이 일치하지 않는다는 점이다. '업무역량의 향상'을 목적으로 시작하지만, 실상은 막연한 '능력' 향상을 위해 자기계발을 하는 경우가 많다. 능력과 역량에 대한 개념을 명확하게 구별하지 않아서 그렇다.

'능력(capability)'은 자신이 맡은 업무나 자신에게 요구되는 역할을 수행하기 위해 갖추어야 할 지식·스킬·경험·태도의 합이다. '케이퍼빌리티capability'는 용량이라는 뜻의 'capacity'와 할 수 있는 힘이라는 뜻의 'ability'의 합성어로

'할 수 있는 힘의 용량'이라는 뜻이 된다. 그래서 능력을 말할 때 '보유능력'이라고 표현하는 것이다. 능력은 주로 직장에서 직무분석 작업을 통해 도출한 '직무 자격요건'을 말하기 때문에 성과창출의 필요조건으로 여겨진다. 능력은 '감당할 수 있는 힘'을 말하는 노하우know-how다.

한편 '역량(competency)'은 차별화된 경쟁력으로 고객가치와 원하는 결과물을 창출하는 실행력을 말한다. 역량은 우연히 일어나거나 일회적인 것이 아니다. 반복적이고 지속적으로 발휘되는 성과창출과 관련된 행동 특성이다. 역량을 잘 발휘한다는 것은 고객과 현장의 상황을 잘 파악해 원하는 결과물을 디자인하고, 이를 성과목표로 객관화할 수 있고, 인과적인 달성전략을 수립하고, 예상리스크요인을 도출하여 대응방안을 수립하고, 행동으로 실천할 수 있음을 의미한다. 따라서 역량은 실행력을 담보로 하는 성과창출의 충분조건이다. 역량은 '해낼 수 있는 힘'을 말하는 두하우do-how다.

역량수준 진단하기

그렇다면 고객가치를 창조하고 리드할 수 있는 '역량'을 개발하려면 어떻게 해야 할까? 먼저 자신의 현재 역량상태를 진단한다. 역량은 목표한 결과물과 직접적으로 연관된 바람직한 행동을 하고 있는지가 핵심이다. 앞서 살펴본 '프리뷰 단계'에서 소개한 '성과창출 프로세스'에 맞춰서 단계별로 역량수준을 진단하는 것이 바람직하다.

1. 핵심과제 선정

직책, 기능, 기간별로 정해진 기간 내에 가장 우선적으로 수행해야 할 과제를 선행과제, 당기과제, 개선과제의 형태로 잘 선정하는 역량수준을 진단한다.

2. 성과목표 설정

핵심과제 수행을 통해 기대하는 결과물을 객관적인 성과목표로 표현하고, 세부구성요소를 상태적 목표, 성과목표조감도로 구체화하는 역량수준을 진단한다.

3. 성과목표 달성전략 수립

성과목표 달성에 인과적인 달성전략을 고정변수와 변동변수로 나누어 타깃별 공략방법을 수립한다. 그리고 전략실행을 할 때 부정적인 영향을 미칠 수 있는 예상리스크 요인을 사전에 도출하여 대응방안을 준비하는 역량수준을 진단한다.

4. 성과목표 실행

기획하고 계획한 성과목표 달성전략과 액션플랜을 기간별로 캐스케이딩해서 롤링플랜을 적용해서 실행하고 수직적, 수평적 협업을 할 수 있는지 역량수준을 진단한다.

5. 성과평가와 피드백

성과목표와 성과를 비교했을 때 실제 결과물이 어느 정도 달성됐는지 객관적으로 비교·분석하고 미달성원인을 도출하여 개선과제를 도출하고 미달성목표 부분에 대한 만회대책 수립을 할 수 있는 역량수준을 진단한다.

훈련할 역량목표를 결정한다

훈련할 역량목표를 결정하는 방법은 역량상태를 진단할 때와 비슷하다. '성과창출 프로세스'의 단계별로 바람직한 행동기준을 찾아낸다. 해당 행동기준을 자신이 어느 정도의 수준까지 발휘해야 할 것인가에 대해 구체화한다.

그것을 바탕으로 결정한 각 역량목표에 따른 트레이닝 계획을 수립해야 한다. 역량별로 자신의 현재 수준이 기대한 수준보다 현저히 낮다면 훈련의 대상이 된다. 역량 트레이닝 계획을 수립할 때는 주기적인 일정과 객관적인 역량지표를 함께 기재하는 것이 효과적이다. 학습·이해·연습과 같이 추상적인 표현보다는 객관적으로 판단할 수 있는 '매주 1회 업무개선 사례 스크랩하기', '매주 1회 스토리텔링식 발표 연습 1시간씩 하기' 등이 좋다.

역량지표를 뽑을 때는 우연히 발생한 일회적 성과의 관점이 아니라 반복적인 성과로 연결시킬 수 있는 인과적인 행동이 무엇인지 생각해보는 것이 중요하다. 역량 트레이닝 계획을 수립한 후에는 리더에게 코칭과 피드백을 요청한다. 그 과정을 통해 리더가 원하는 역량도 계획에 추가한다. 계획을 실행하다 보면 어려움이 있을 수 있는데, 이때 혼자 해결하려 하기보다 리더에게 코칭을 요청하면 도움이 된다. 역량 트레이닝은 올바른 습관을 만들기 위해 혁신하는 작업으로 주기적·반복적으로 인내심을 가지고 실행해야 한다.

미션과 비전은 행복한 인생의 기본조건

직장인들은 목표를 수립하는 데 익숙하고 이를 달성하기 위해 늘 힘쓴다. 그런데 똑같은 목표를 향해 달려도 누구는 쉽게 지치는 반면, 누구는 지치지 않는다. 게다가 남들은 어렵다고 손사래 치는 업무임에도 오히려 고무되어 속도를 낸다. 그들에게는 목표 이외에 삶을 지탱하는 무언가가 있기 때문이다. 그것이 바로 '미션mission'이다. 자신이 추구하는 미션과 일치하는 목표를 향해 살아갈 때 그의 삶은 흔들림이 없다. 실패해도 좌절하지 않고 끊임없이 나아갈 수 있는 힘, 이러한 저력은 '미션과 비전vision'에서 나온다. 합리적이고 체계적으로 상황을 판단할 수 있는 기준과 원칙인 셈이다.

삶이 열정적이지 못한 이유는 미션과 비전이 명확하지 않기 때문이다. 미션과 비전이 명확하면 사명감에 가슴이 설레고 해야 할 일이 구체화된다. 그렇게 구체화된 일을 해내다 보면 일의 결과물은 자신의 능력과 역량이 향상되고 있음을 느낀다. 미션과 비전은 의미 있고 역동적이며 행복한 인생을 살기 위한 기본조건이다.

미션 : 고객을 위한 존재의 목적과 기여가치

미션의 핵심구성요소는 대상(target)과 가치(value)다. 미션을 기술할 때는 현재 속한 조직이나 인생의 관점에서 직장과 사회에 기여하고자 하는 대상, 대상과제와 기여하고자 하는 가치를 적어보면 된다.

이를 시간적 개념으로 구분할 때, 장기적 관점의 미션은 일하고 있는 직장에서의 존재 목적·업의 본질·기여하고자 하는 가치·사명이 된다. 단기적 관점의 미션은 월·분기 단위로 회사나 소속된 조직에 기여할 일, 즉 '과제'를 말한다.

'나는 우리 회사의 일하는 프로세스를 성과관리 방식으

로 혁신하여 모든 구성원들이 자기주도적으로 일하도록 하는 데 기여하고자 한다.' 이것은 어느 직장인의 미션이다. 이렇듯 미션이라는 말 자체가 이미 '가치 지향적인 일', '중요한 일', '우선적으로 해야 할 일'이라는 뜻을 포함한다.

자신의 미션을 잘 발견하고 깨닫는 방법은 조직이나 상위기관의 목표를 구체화하고 이를 바탕으로 자신의 역할과 제를 찾는 것이다. 미션이란, 고객에게 어떤 것을 기여하고, 어떤 가치를 전달하려는지, 그러기 위해서 해야 할 일이 무엇인가를 포함한다.

비전 : 미션을 실행하기 위한 도구이자 주특기

비전이란 미래의 일정 시점에 대한 기대하는 모습, 즉 '전망'을 의미한다. 미션이 조직에서 자신이 기여하려는 가치, 해야 할 과제를 의미하는 '가치 있는 역할'이라면, 비전은 미래의 일정 시점에 도달했을 때 기대하는 자신의 모습, 가장 잘할 수 있고 적성에 맞는 모습을 구체화한 '차별화된 미래 모습'이라고 할 수 있다.

비전은 미션을 추구하기 위한 실행수단으로, 종합병원

영업 전문가, 임플란트 영업 전문가, 인사 전문가, 상품기획 전문가, 해외홍보 전문가, 제조원가 분석 전문가, 디지털가이드 개발 전문가 등과 같이 자신의 미션수행을 위해 실행수단으로 선택한 주특기를 말한다.

예를 들면 이런 식이다. '2025년 임플란트 업계 영업전문가 No.1(연매출 15억, 고정매출 충성 거래처 300개, 임플란트, 디지털 치과재료, 장비, 신규개원 5개 분야 지식과 스킬 95점 이상)' 더 멀리 내다보고 더 크게 성장하려는 동기를 스스로에게 부여하는 사람은 자신이 기여하고자 하는 가치인 미션이 명확하고, 실행수단인 비전이 구체적이다. 비전의 핵심구성요소는 마치 이루어진 듯한 조감도처럼 표현된 '투 비 이미지to be image'다. 이것은 달성 시점과 달성된 모습을 구체적인 세부 내역으로 표현한 것이다. 비전은 왜 그러한지, 비전을 통해 기대하는 바가 무엇인지 근거와 명분이 명확해야 실행계획을 구체적으로 세우고 실천할 수 있다.

자기 스스로 성장을 위한 동기부여를 하는 사람은 비전 달성을 위한 단계별 자기계발 목표가 객관적이며, 이를 실천하기 위한 KBI(Key Behavior Indicator)가 수치화되어 있다. 또한 이것을 진정성과 인내심을 가지고 지속적·반복적으로 성실하게 실천한다. 미션과 비전을 실행으로 옮기려면 핵심행위지표, 즉 KBI도 잘 설정해야 한다. 아래와 같은 예를 들 수 있다.

- 나는 매일 아침 오늘 해야 할 과제와 원하는 결과물의 기준을 정하고 완료시간과 예상소요시간을 설정하고 원하는 결과물을 달성하는 데 영향을 미칠 수 있는 이슈를 정리하고 대응방안을 수립하고 실행한다.
- 나는 매주 신규거래처를 2군데 이상 방문하고 우리 회사의 차별점을 설명한다.
- 나는 매월 월간성과를 평가하고 개선과제와 만회대책을 수립하여 팀장에게 코칭받는다.

성과를 내는 사람들은 선택하고 집중한다.
선택과 집중의 기준은 목표가 결정한다.
성과를 내는 사람들은 통제 불가능한 리스크요인을
통제 가능하도록 전환시킨다.
미달성한 목표도 내가 세운 목표다.
이번 달에는 어떤 요인으로 인해 미달성했을 뿐이지만,
언젠가는 책임지고 달성해야 하는 나의 목표다.

성과의 주인이 되는 법

성과의 주인이 되려면
성과를 창출하는 프로세스를 지배하고
'성과'를 창출하면 된다.
성과를 창출하기 위해서는
'성과목표'와 '인과적인 전략'을 움켜쥐고
'예상리스크요인'을 해결하고
주체적 · 주도적으로 행동해야 한다.

직장생활은
장기적으로 성과를 거래하는 시장활동이다.

직장의 위치와 장소는 바뀔 수 있으나
직장생활을 하는 동안에는
성과를 창출하지 못하면 직장과 거래할 수 없고
다른 고객을 찾아 나서야 한다.
성과는 고객과 거래하는 상품이며
고객만족의 기준이다.

일을 하면서 실수를 하거나
자신의 부족한 점을 알게 되는 것도
긴 직장생활의 일부다.
조바심을 내거나 일희일비하며
지나치게 스트레스받지 않기를 바란다.
성과 중심으로 일하려고 꾸준히 노력하고
성장하는 사람이 결국에는 성과를 지배한다.

지속가능한 성과를 반복적으로 창출하기 위해서는
'상사 중심의 근태관리 방식'과 '실적관리 방식'보다는
'실행자 중심의 R&R관리 방식'과 '성과관리 방식'이 효과적
이다.
'성과관리 방식'을 일하는 수단으로 활용해야만

리더의 성과코칭과 권한위임 그리고
실행자의 자기완결적인 성과창출이 실현된다.

아무리 방향을 제대로 정했다고 하더라도
구체적인 실행수단이 없으면 실현되기 어렵다.

아무리 실행수단이 잘 준비되었다고 하더라도
실천하지 않으면 효과가 없다.
성과관리방식은 자발적으로, 자율적으로
자신의 역할과 책임을 실천하는 프로그램이다.
아무리 어려운 일도 스스로 동기부여되면
힘들지 않게, 즐겁게 해낼 수 있다.

일을 즐기고, 그 일을 통해 성과를 창출하며,
결국 자신의 역량을 쌓는 방법은 한 가지다.
성과창출 프로세스의 주인이 되는 것이다.
성과의 주인은 일의 목적지는 물론이고
목적지에 도달하는 지름길을 분명히 알고 있다.
결과물을 만들었다면
질책도 자신의 몫이고 성과도 자신의 몫이다.

그래야 일하는 맛이 있고 성취감이 있다.
성과창출의 주인이 되어
자기주도적으로 일하고 싶은 사람들에게,
하는 일마다 스스로 원하는 성과를
창출하길 바라는 모든 사람에게
이 책을 선물한다.

류랑도
(주)성과코칭 대표 컨설턴트

25년간 성과창출을 원하는 조직과 사람들을 코칭해왔다. 어떻게 하면 가장 효과적으로 성과를 만들어낼 수 있는지를 연구하고, 그에 필요한 지식과 방법을 조직의 성과관리 프로세스에 맞추어 성과코칭 방법론을 개발하여 널리 알리고 있다. 실무경험과 인본주의 철학을 바탕으로 한 그의 열정적인 강의와 컨설팅, 성과코칭은 수많은 조직과 구성원에게 지속가능한 성장을 선사하고 있다.《일을 했으면 성과를 내라》,《델리게이션》,《팀장 클래스》,《완벽한 하루》,《아침 3분 365 경영코칭》등 30여 권의 저서는 출간할 때마다 베스트셀러에 올랐다.

지금도 현장에서 옳다고 믿는 것을 끊임없이 실험하고 치열하게 자기교정하며 조직관리방식과 사람관리방식을 '상사 중심의 근태관리방식'이 아닌 '실무자 중심의 R&R관리방식'의 변화된 환경에 활용할 수 있는 '일하는 프로세스와 문화'를 만들기 위해 노력하고 있다. 개인의 자율성과 책임감, 기대감이 조직 내에서 중요한 에너지가 되고, 일하는 프로세스와 문화가 실체가 있는 구체적인 역량으로 발현되도록 하기 위해 오늘도 현장의 실무자들과 머리를 맞대고 고민하고 있다.

류랑도 박사의 25년 내공을 압축한 명실상부한 대한민국 성과관리의 교과서라 할 수 있는 이 책은, CEO에게는 조직의 일하는 문화를 성과 중심으로 혁신하게 하는 각성을 주고, 임원과 팀장에게는 성과코칭의 본질과 핵심을 알려주며, 팀원에게는 자율적, 자기완결적으로 일하는 구체적인 방법론을 제시한다.

저자 소개